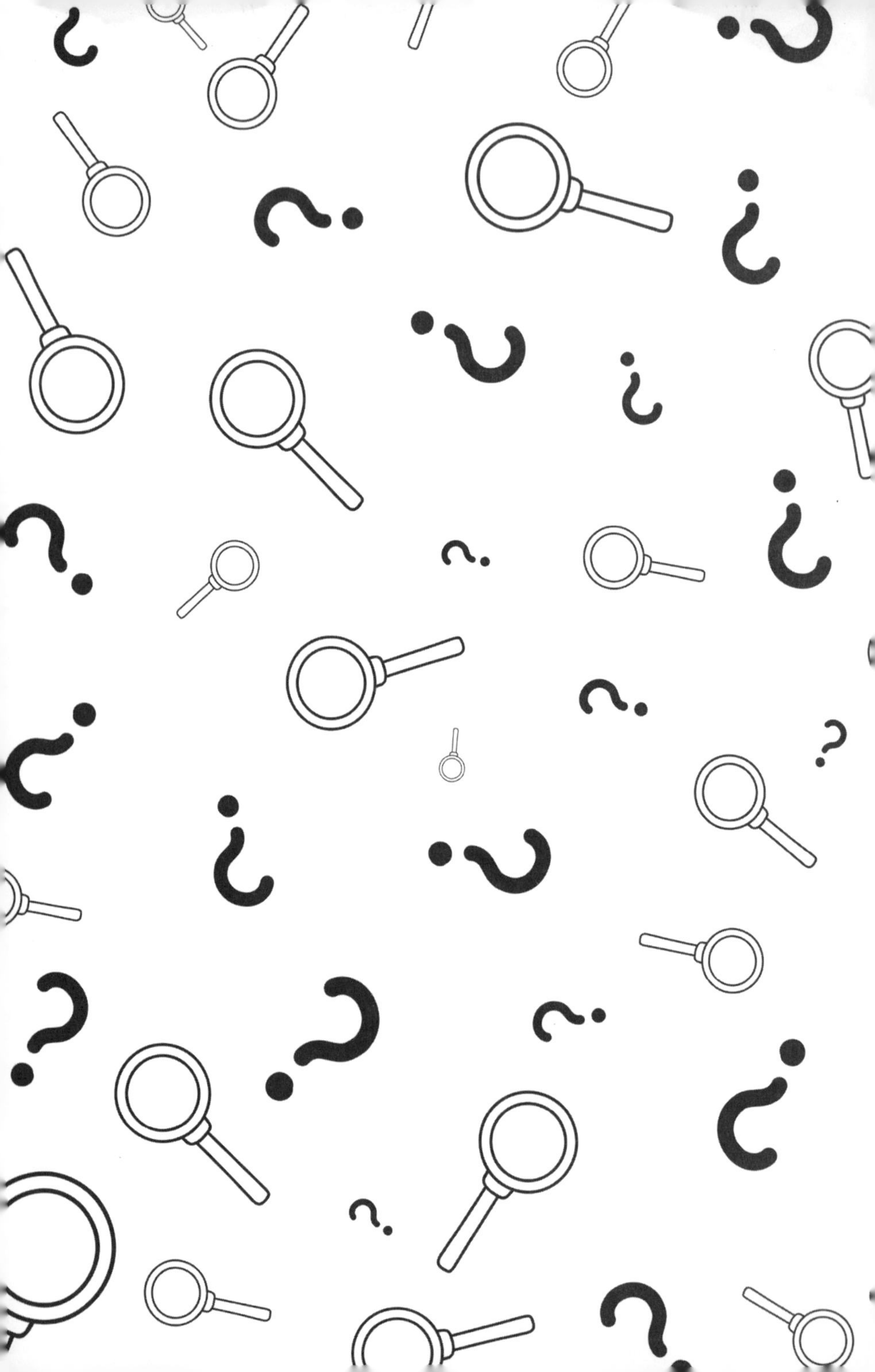

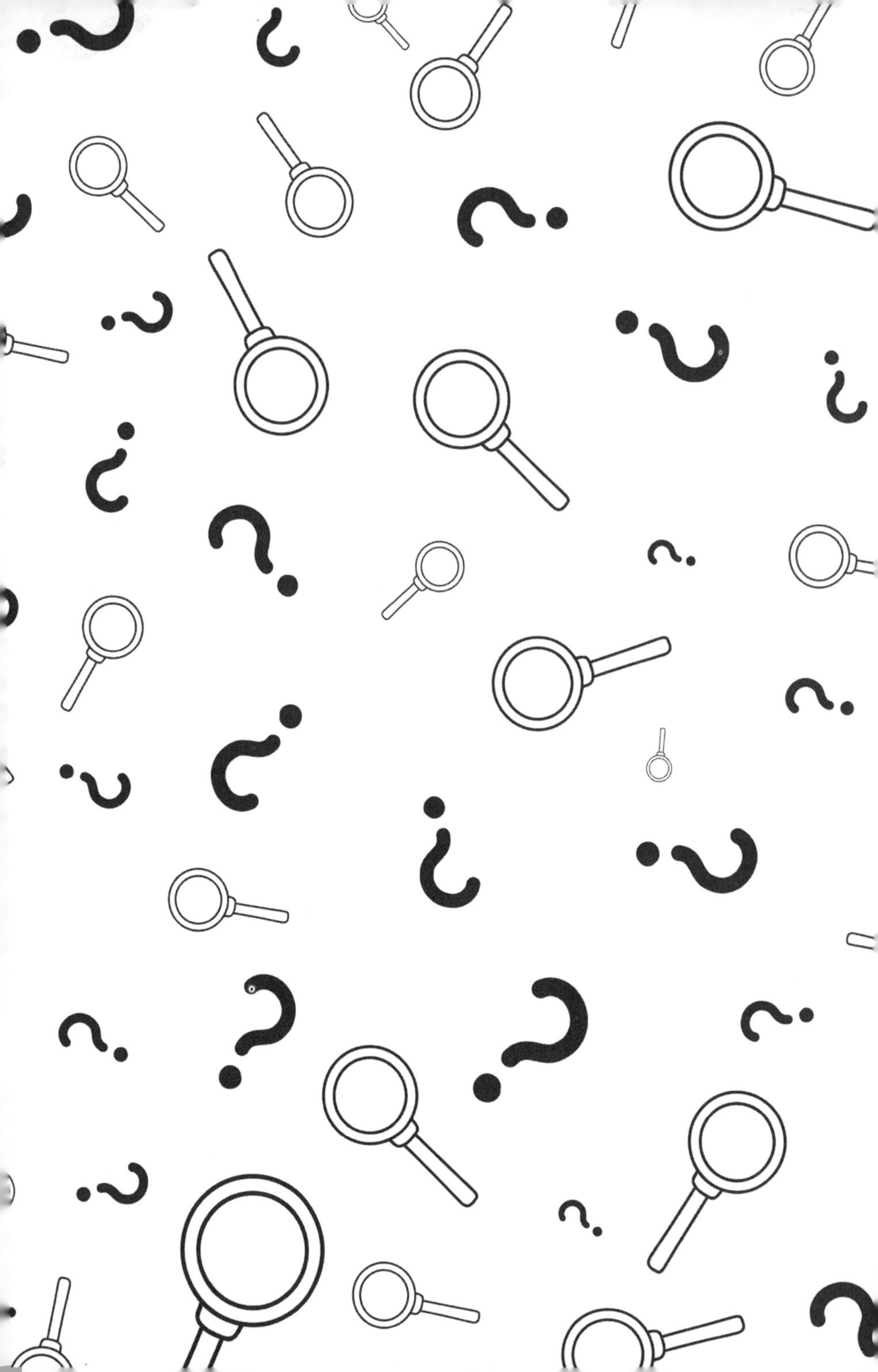

INSPECTORA MISSTERIO

101 ENIGMAS

PARA LAS MENTES MÁS CURIOSAS

salamandra

¿QUIERES SER DETECTIVE?

Puede que ya hayas resuelto algún enigma o **misterio** y por eso te encuentres aquí, buscando nuevos retos. O tal vez es la primera vez que te vas a enfrentar a la alucinante sensación de ver ante ti un montón de **pistas** y saber que puedes descubrir la **solución**...

Sea como sea, este libro es la herramienta perfecta para ti si quieres convertirte en un **detective de verdad**, ¡con carnet y todo! Lo único que tienes que hacer es coger papel y lápiz, echarle ganas y seguir las pistas que encontrarás aquí.

Vamos a poner a prueba tus **dotes de observación**, tu capacidad para aplicar la **lógica** e incluso tu **imaginación**... Y es que deberás recorrer una enigmática mansión y resolver todos los misterios que habitan en ella para poder avanzar en tu objetivo. Pero no te preocupes, no estarás solo, ¡ninguno de los grandes detectives lo está! ¿Qué habría sido de Sherlock sin Watson?...

Ah, y no te olvides... ¡Lo único más importante que resolver los misterios es **pasártelo superbién** mientras lo haces!

MISTERIOS POR AQUÍ

TUS COMPIS DE AVENTURAS

Miss Terio

Tiene once años y lo de ser detective le viene de familia: ¡su bisabuela era amiga íntima de Agatha Christie, la autora de misterio superventas! Su abuela y sus padres son también detectives, así que está deseando demostrar que ella también vale.

Elena (bueno, ella prefiere que la llamen Miss Terio) es muy **lanzada** y siempre está buscando nuevas intrigas y aventuras. Tiene una **gran imaginación** y es capaz de pensar en muchas cosas a la vez. Eso la ayuda a ver lo que otros no ven (¡como esos dibujos en los que hay dos caras y un jarrón a la vez!), aunque es verdad que a veces la impaciencia hace que le cueste centrarse en los detalles. Siempre escribe con boli: si tiene que tachar algo, no hay ningún problema, ¡no siempre puedes acertarlo todo a la primera!

Hache

Hache y Miss Terio se conocen desde pequeños. Pero muy muy pequeños, porque Hache nació un minuto después que ella, en la habitación de al lado, y han sido amigos desde entonces.

A Hache le **encantan** las letras y es todo lo opuesto a Miss Terio: es **calmado**, meticuloso y presta muchísima atención a los **detalles**. A veces eso significa que no ve lo que tiene delante de las narices: se obsesiona con una pieza y no es capaz de ver el puzle entero. Pero ¡por eso Miss Terio y Hache forman tan buen equipo!

Él prefiere anotar las cosas a lápiz, por si acaso. Además, así queda más limpio y ordenado que con todos los tachones de Miss Terio...

Lupa

Es el perro de Miss Terio y no es porque lo diga ella, pero **es el perro más listo del mundo**. Tiene un olfato sobrehumano (es que es un perro, claro) y un don para encontrar pistas allá donde va. Sus amigos Miss Terio y Hache no siempre lo entienden; como no son tan listos como él, sin su ayuda estarían perdidos.

Él no apunta nada, ni a boli ni a lápiz, porque con su memoria prodigiosa no le hace falta. Y porque es un perro y no tiene manos. Ni sabe escribir. Pero eso son detalles sin importancia.

QUÉ ES ESTE LIBRO

¡Pues un libro con muchísimos **misterios**, por supuesto!

Vas a acompañar a Miss Terio, Hache y Lupa mientras **resuelven** un montón de **pruebas** para poder conseguir lo que siempre han soñado: ¡su propio carnet de detective! Y tú, por supuesto, también obtendrás tu **carnet** si los ayudas a llegar hasta el final.

¡Aquí hay misterios de **todo tipo**! Vas a tener que analizar imágenes, darle mucho al coco para encontrar la **solución** a algunas preguntas, e incluso echarle imaginación para resolver los casos más complejos. Todos estos misterios se reparten en seis categorías, ¡cada una con su **símbolo** correspondiente!

TIPOS DE DETECTIVES

Los detectives necesitan saber resolver todo tipo de enigmas, pero siempre hay algunos que se les dan mejor que otros... Por ejemplo, Miss Terio es especialmente **imaginativa**, mientras que Hache es muy **perspicaz**. Lupa, por supuesto, es el más **curioso** de todos. ¡Por eso los tres se complementan de maravilla!

Para conocer qué clase de detective eres tú, tendrás que resolver primero los misterios que te esperan.

¿Serás imaginativo como **Miss Terio**? Si buscas aventuras sin parar y no dejas de darle vueltas a la cabeza hasta encontrar la solución, es posible...

Aunque quizá te parezcas más a **Hache**, ya que los detectives perspicaces se concentran muchísimo y ven detalles que a otros se les escapan.

¡O incluso tal vez seas como **Lupa**! Curioso, con interés en un montonazo de cosas diferentes... ¡Y dispuesto a todo para resolver un misterio!

TIPOS DE MISTERIOS

Detalles. ¡Deberás fijarte en absolutamente todo para resolverlos!

Concentración. Presta muchísima atención y seguro que serás capaz de descifrarlos.

Imaginación. Olvídate de las reglas, a veces dejarte llevar por tu instinto es la forma de encontrar la solución.

Ingenio. Todas las pistas están ante ti... Solo tienes que darles una vuelta y seguro que ves la respuesta.

Lenguaje. En diferentes misterios, las letras serán tus mejores amigas.

Lógica. Lee con atención los misterios, sigue las pistas y los resolverás en un pispás.

QUÉ NECESITAS

Vas a necesitar **boli** (si eres como Miss Terio), **lápiz y goma** (si te pareces más a Hache) o nada (si, como Lupa, tienes una memoria de elefante).

¡Recuerda que también puedes anotar respuestas en un **folio** aparte! Así podrás volver a resolver los enigmas en cuanto se te hayan olvidado, o trabajar con una amiga o amigo para encontrar todas las respuestas. (O un familiar, una mascota... ¡Nosotros no juzgamos!)

Apunta los misterios que has resuelto a la primera. Recuerda que puedes pedir ayuda si te atascas con alguno (¡igual que Miss Terio y Hache resuelven juntos los enigmas más complejos!) o, si te apetece un verdadero reto, puedes coger un **reloj** y ponerte un tiempo límite para resolver cada enigma.

¡Vamos allá!

RUMBO AL CASERÓN MISTERIOSO 1

La abuela de Miss Terio, Nigma, ha llamado a los tres para proponerles un **reto**...

—Creo que estáis listos para demostrar que sois verdaderos detectives —les dice, mientras meriendan unos bocadillos de mortadela riquísimos—. Os voy a dar las llaves del **Caserón Misterioso**. Si conseguís resolver todos los misterios que hay en su interior, os daré vuestros carnets de detectives.

Miss Terio y Hache se miran boquiabiertos. Hache le da un codazo a su amiga para que trague el trozo de bocata que le queda en la boca y después la chica habla.

—¿El caserón abandonado que hay a las afueras del pueblo? ¿En el que vivía una famosa **investigadora** hace muchos años?
—Pero... ¿no se supone que está **embrujado**? —pregunta Hache.
—¡Guau, guau!
—Lupa tiene razón, Hache, los fantasmas no existen —aclara Miss Terio.
—Muy bien —dice la abuela Nigma—. Pues lo primero que debéis hacer es entrar. Aquí están todas las **llaves**. Tenéis que estar muy seguros de que habéis escogido la llave correcta porque si intentáis abrir con la llave equivocada... **¡se bloqueará la cerradura!**

Miss Terio y Hache van corriendo al Caserón Misterioso, colocan todas las llaves en el suelo y las observan atentamente... **¿Cuál es la correcta?**

UN LABERINTO ESPINOSO

2

¡Los tres han conseguido entrar en el jardín del caserón! ¡La llave era de la cerradura de la verja! Apenas hay luz, porque ya está anocheciendo, pero ven que está todo lleno de **hierbajos y frondosos cipreses**. De hecho... ¡Espera! ¡Es un **laberinto** creado con los arbustos! Tendrán que **cruzarlo** para llegar hasta la casa, al otro lado. ¡Menos mal que siempre llevan sus linternas con ellos!

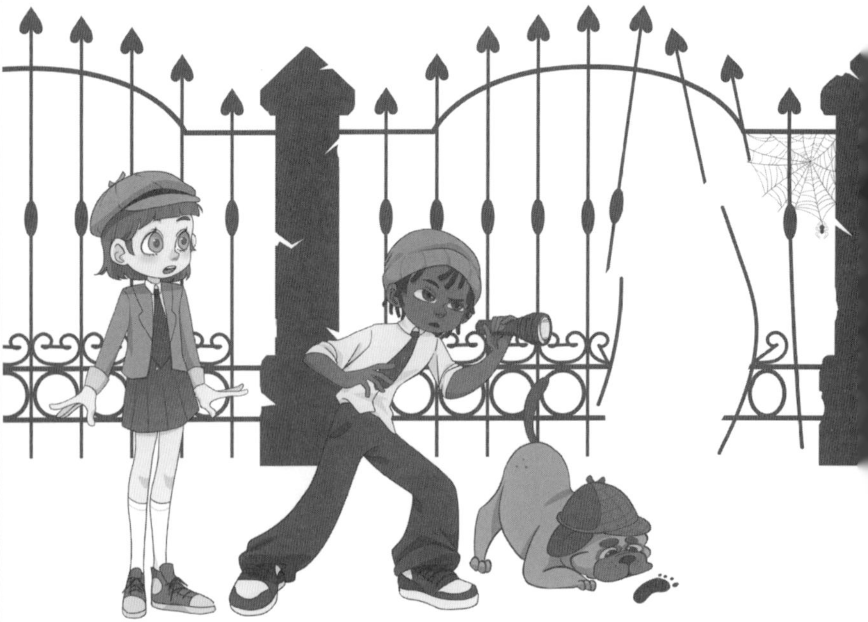

UNA PUERTA... ¡SIN CERRADURA! 3

—¡Por fin! —exclama Hache—. ¡El Caserón Misterioso!

La casa se ve tan **abandonada** como cuentan las historias en el pueblo. Las ventanas están oscurecidas por tupidas cortinas y las enredaderas crecen por las paredes de piedra. Lupa lo olisquea todo con mucha concentración, asegurándose de que no haya ningún **peligro**.

—Aquí está la **puerta** —anuncia Miss Terio—. Aunque no creo que ninguna de las **llaves** que nos ha dado mi abuela nos sirva.

Hache ilumina con su linterna la gran puerta de madera... **¡No tiene cerradura!** Los dos amigos pasan las manos por la madera, que está llena de dibujos en relieve.

—Creo que uno de estos dibujos nos ayudará a abrir la puerta... —dice Miss Terio—. **Pero ¿cuál?**

JEROGLÍFICOS

4

El chirrido que hace la puerta al abrirse es un poco **siniestro**, pero Miss Terio alza la cabeza, coge con más fuerza su linterna y entra.

Lupa se cuela corriendo en el `recibidor` y ladra a una pequeña mesita.

—Aquí hay **varios papeles**. —Hache los coge con cuidado y los alza para verlos mejor—. Esto parece ser un... ¿mapa? ¿Un plano? Está vacío.

—Debe de ser un `plano de la casa`, nos vendrá bien rellenarlo según vayamos descubriendo las habitaciones. ¿Y esto otro?

Miss Terio frunce el ceño, concentrada. En el papel hay varios dibujos.

—¡Es un **jeroglífico**! —exclama Hache—. Tal vez nos diga lo que tenemos que hacer.

CORTACIRCUITO

5

En la pared, encima de la mesita, hay una caja. ¡Seguro que ahí están los **fusibles**!

Pero cuando Miss Terio la abre... ¡ve que todos los cables están hechos un **lío**! Tendrán que poner el código correcto para que las luces se enciendan.

COMIENZA EL RECORRIDO

6

Con algo más de claridad, Hache y Miss Terio miran a su alrededor. Al fondo del recibidor hay una puerta cerrada, pero con cristales translúcidos que dejan entrever el interior de un aseo.

—¿Por dónde deberíamos **empezar**? —se pregunta Hache en voz alta.
—Creo que aquí tenemos la respuesta.

Miss Terio saca un **papel** que hay pegado en el interior de la caja de madera. Son un montón de letras **desordenadas**... Seguro que si las ordenan cobran sentido.

DORMCOE

_ _ _ _ _ _ _

LA CARTA

Tras entrar por la `puerta de la derecha`, Miss Terio, Hache y Lupa se encuentran un listado de pruebas sobre la mesa. Están escritas a mano y firmadas por...

—¡**María Higuera Claro**! —exclama Miss Terio, emocionada—. Es la detective que vivía en el caserón.
—¿Todo esto lo preparó ella? —pregunta Hache, asombrado.
—Espera, hay también una **carta**. Pero... ¿en qué idioma está escrita? ¿Es algún **código**?

Hache coge la hoja que le extiende Miss Terio y sonríe.

—Se lee perfectamente, solo tienes que **confiar en ti misma** y leerlo como leerías cualquier otro texto.

BIENEVINDO A MI HOAGR, ASIAPRNTE A DETCEITVE.
EN ÉL VAS A EOANCNTRR DFRNTIEEES RTEoS QUE
PNDROÁN A PURBEA TU INEGNIO, TU CPCADAIAD DE
OEBSAIÓRVCN Y TU IMAGINCAIÓN. MCUOHS DE LOS
EINAGMS ME LOS EONCNTRÉ DUARNTE MI TRAABJO
CMOO INVSEIATOGDRA O LOS UITLCIÉ PRAA
FROMAR A OOTRS DEEIETCTVS. SON EOLLS LOS QUE,
CNDUAO YO NO ESTÉ, MNATNDEÁRN ESTA CASA EN
MRACHA PRAA QUE OOTRS ASIPRAENTS PDUEAN
UNRSIE A NSOOOTRS: EL CULB DE LOS DTCETEIVES.

EL FALSIFICADOR

8

Contenidiendo apenas la emoción, Miss Terio y Hache comienzan a leer la **lista de misterios** de María Higuera Claro.

«Frente a ti hay **dos cuadros** que parecen **idénticos**. El falsificador que hizo la copia engañó a todo el mundo durante años, hasta que uno de los museos afectados me contactó. Tras estudiar varias de sus copias me di cuenta de que el **falsificador** se sentía tan orgulloso de su talento que necesitaba **firmar** sus obras añadiendo algún **pequeño detalle** que no estaba en el cuadro original. ¿Eres capaz de identificar el original y la falsificación?».

UNA SOPA ESPECIAL

El siguiente reto al que Miss Terio y Hache deben enfrentarse es una hoja llena de... **letras**. Arriba se lee lo siguiente:

«Antes de continuar, tal vez quieras aprovechar para tomarte una... **sopa muy especial**».

—De acuerdo, es una sopa de letras —afirma Miss Terio.

Lupa deja de olisquear las cortinas y alza las orejas al escuchar la palabra «sopa».

—Y aquí hay cinco huecos —señala Hache—. Eso es que tenemos que descubrir **cinco palabras**, ¿verdad? Pero no sé qué es lo que hay que encontrar...

Miss Terio mira con **atención** la sopa de letras y se da cuenta de algo...

—¡Ya lo tengo!

M	A	C	E	D	O	N	I	A
N	N	P	M	O	J	Q	V	Z
A	B	E	A	U	T	S	P	X
R	W	R	N	P	Y	U	L	Q
A	K	A	Z	A	U	I	A	E
N	Z	K	A	T	B	O	T	U
J	A	I	N	A	B	Q	A	X
A	A	W	A	T	P	U	N	K
S	Q	I	Z	A	K	B	O	Y
K	N	P	A	L	A	R	U	X

Y DE POSTRE, MÁS MISTERIOS

10

—«Seguro que ahora te has quedado con ganas de **postre**, ¿verdad?» —lee Miss Terio en voz alta.

—Pues la verdad es que con tanto hablar de comida algo de hambre sí tengo —murmura Hache.

Lupa ladra, dándole la razón.

—Tenemos unos tentempiés en la mochila, no te preocupes. Pero resolvamos primero unos cuantos **misterios** más.

«Para completar esta prueba, tendrás que recoger todas las frutas. Para ello, debes **unirlas** con una sola línea, sin levantar el lápiz del papel ni dibujar dos veces el mismo trazo. ¡Y no vale hacer un solo **triángulo**! Las piñas del medio también tienen que estar unidas entre sí».

LA HUIDA IMPOSIBLE

11

Mientras Hache se come unas galletas, dejando que caigan algunos trozos para Lupa, Miss Terio **sigue leyendo** los misterios de la antigua detective.

«Hace muchos años, me encontraba de vacaciones con unos amigos en una enorme casa en la montaña, en **pleno invierno**. Habíamos ido a investigar un crimen ocurrido en la zona y, aunque dimos rápidamente con el culpable, una tremenda tormenta de nieve nos dejó **atrapados** en la casa. Pusimos al sospechoso en una **habitación del semisótano**. En ella había una **ventana rota** por la que entraba la ventisca, a más de **tres metros** de altura del suelo, y una sola puerta, sin ningún tipo de mueble que el criminal pudiera utilizar para escapar. Para que el culpable no se helara de frío mientras esperábamos a que pasara la tormenta, mis amigos subieron al máximo la **caldera** de leña, que estaba en la habitación de al lado e irradiaba mucho calor.

»A la mañana siguiente, cuando fuimos a buscar al criminal, había **desaparecido**. Nadie había abierto la puerta y la habitación estaba completamente vacía, excepto por varios charcos de agua. ¿Cómo había **escapado** el hombre?».

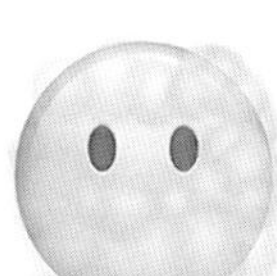

LO IMPRESCINDIBLE

A continuación, Miss Terio y Hache cogen un **libro de crucigramas** que hay sobre la mesa. La mayoría están resueltos, pero aún quedan algunos en **blanco**... ¡Menos mal, si no, no podrían decir que han completado todas las pruebas!

LAS HERRAMIENTAS DEL DETECTIVE:

1. Necesitarás unas cuantas de estas para resolver el caso.
2. Para no olvidar nada.
3. Para poder ver todos los detalles.
4. Sin esto no hay nada que investigar.

USA TU MENTE

13

Lupa olisquea nervioso a sus pies y da varios saltos.

—¿Qué ocurre, Lupa? —le pregunta Miss Terio, mientras le rasca entre las orejas.

Lupa golpea varias veces el **libro** que Hache tiene aún entre sus manos y el chico observa mejor la página, pasando los dedos por ella.

—¡Hay **dos páginas pegadas**! —exclama.

Con mucho cuidado, los chicos las despegan y ven que detrás del crucigrama... ¡hay otra prueba!

—Menos mal que Lupa se ha dado cuenta —dice aliviada Miss Terio.

«¿Tienes las **herramientas** más importante de los detectives? Pues, si es así, échale **imaginación** y **completa** esta breve historia utilizando las cuatro palabras del **crucigrama**».

UN BUEN DETECTIVE DEBE LLEVAR SIEMPRE ENCIMA
UNA ________ DONDE ANOTAR LAS POSIBLES
_______ QUE SE ENCUENTRE. ES TAMBIÉN
MUY IMPORTANTE USAR UNA _____ PARA PODER
INVESTIGAR A FONDO CUALQUIER _________.

EL SIGUIENTE PASO

14

«**¡Enhorabuena!** Habéis completado la **primera sala** llena de enigmas. Ahora, debéis continuar vuestro recorrido... Si es que sabéis a dónde os tenéis que dirigir».

Miss Terio y Hache analizan el papel, donde hay unas cuantas letras. Esta vez están algo más **desordenadas** que antes, pero...

—¡Ya lo tengo! —exclama Miss Terio.
—¡Yo también! —se une Hache.
—¡Guau, guau! —ladra Lupa, que no piensa quedarse atrás.

CIOCAN

_ _ _ _ _ _

LAS JARRAS DE AGUA

15

Miss Terio y Hache se dirigen hacia la única puerta que hay y ven que al fondo de esta nueva sala hay una despensa.

Allí los espera un **nuevo listado** de misterios.

—¡Vamos a ello! —exclama Miss Terio, cogiendo la hoja.

«Aquí hay **dos jarras** de plástico. Una tiene capacidad de **cinco litros** de agua y la otra de **tres litros**. Usando únicamente estos dos recipientes, ¿cómo puedes conseguir medir cuatro litros **exactos**?».

5 LITROS

3 LITROS

LA TAZA ENVENENADA

16

—Esto se va complicando, ¿eh? —murmura Hache, que se ha **empapado de agua**.
—No te preocupes, para la próxima solo tenemos que usar nuestras **mentes** —le tranquiliza su amiga—. Mira.

«En el estante de madera hay **varias tazas**, pero cuidado, una de ellas está **envenenada**... ¿Cuál?, te preguntas».

- NO ES DE LAS TAZAS MÁS ALTAS.
- TIENE EL ASA EN EL LADO DERECHO.
- LA FORMA DEL ASA NO ES REDONDA.

LA RECETA PERFECTA

17

—Otra **historia** de María Higuera Claro —anuncia Miss Terio.
—No sé si te gusta más resolver los misterios o leer sus **anécdotas** —le dice Hache, cruzándose de brazos.

Lupa ladra, dándole la razón.

—Me encanta **resolver misterios**, pero, si además vienen acompañados de las historias de una de las mejores detectives del mundo, pues mejor, ¿no?

«En uno de mis **viajes** visitamos el restaurante de un famoso chef, conocido tanto por sus deliciosos platos como por sus excentricidades. De hecho, para conseguir que nos sirviera la cena, tuvimos que **completar** primero una de sus **recetas**, ya que le gustaba saltarse los **símbolos matemáticos** a la hora de calcular los ingredientes. ¿Tú habrías conseguido la deliciosa cena de la que nosotros disfrutamos?».

30 [ ] 10 [ ] 5 = 35

5 [ ] 5 [ ] 5 = 30

14 [ ] 10 [ ] 17 = 7

25 [ ] 6 [ ] 3 = 22

HERRAMIENTAS... DE COCINA

18

—Mira, otro **crucigrama** —dice Hache, intentando contener la emoción.

—Pero estas pistas son un poco diferentes... —se fija Miss Terio—. ¡Son **imágenes**!

—¡Genial! Vamos a ello.

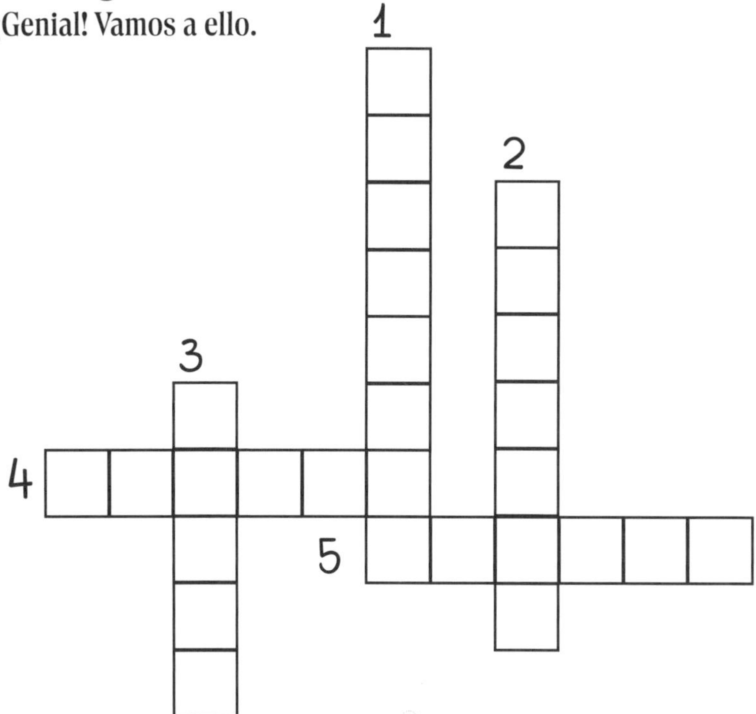

1.

3.

4.

2.

5.

¿QUIERES SOPA? ¡DOS PLATOS!

19

—¡Esto está chupado! —celebra Miss Terio.
—No estés tan segura... Mira lo que pone en la siguiente nota.

H	A	Q	P	O	N	T
Y	R	O	O	G	A	R
U	E	U	N	E	T	R
F	T	F	E	T	E	T
G	E	D	G	J	A	F
B	T	E	A	C	U	C
E	N	L	N	U	B	P
P	O	A	A	A	H	E
X	L	P	A	L	I	L

«Esta vez no te será tan fácil encontrar las **herramientas** que buscas en la sopa... ¿Por qué no miras en más de una **dirección**?».

A	V	C	G	R	O	P
Z	E	F	A	A	C	A
A	S	A	C	T	U	S
S	K	U	H	E	E	T
E	I	V	I	H	N	G
H	A	R	A	B	C	T
U	L	A	P	U	O	U
M	O	A	U	A	T	E
L	O	S	E	J	E	T

EN BUSCA DE...

20

«Si has encontrado la solución a todos los misterios con los que te has topado hasta este momento, es hora de **avanzar**. Pero... ¿sabes a dónde tienes que **dirigirte**?».

—Qué poquitos misterios había en esta sala, ¿no?
—Sí... —dice Hache—. Será que **María Higuera Claro** no pasaba mucho tiempo aquí.
—Uff, y ahora se va complicando —murmura Miss Terio.
—Venga, seguro que si nos **concentramos** descubrimos la respuesta.

TOIDESU

_ _ _ _ _ _ _

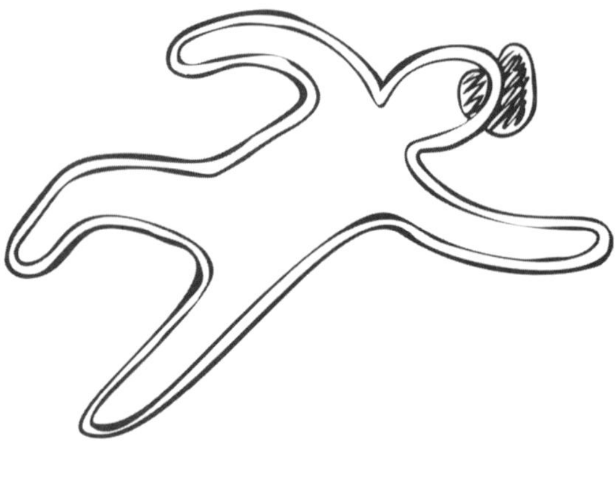

ÁNDATE CON OJO

21

Tras desentrañar el enigma, Miss Terio, Hache y Lupa salen de donde estaban y vuelven al `recibidor`. Ahí, entran por la `otra puerta que estaba abierta`. Encuentran un nuevo **cuaderno** sobre una **gran mesa de madera** y, para alivio de Lupa y Hache, un par de sillones bien mullidos.

—No te acomodes demasiado —le dice Miss Terio a su amigo—, porque aquí está la primera prueba. Hay que tener la **vista muy aguda** para resolverla, creo yo.

Lupa, que posee un ojo buenísimo para los detalles, **ladra contento**.

¿Cántos **candados** hay en esta imagen?

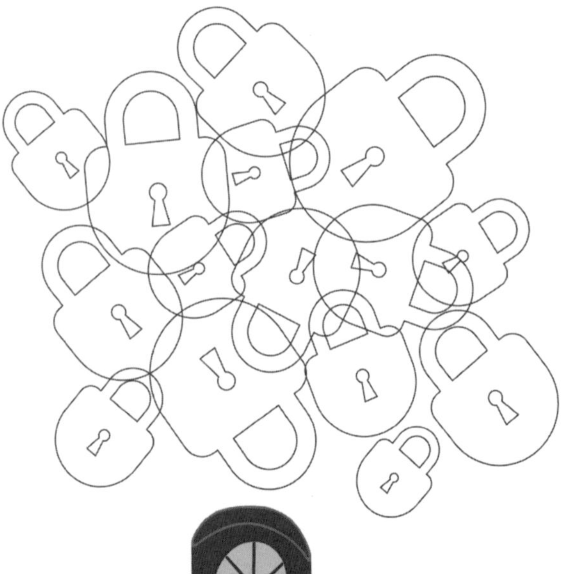

SERIES INCOMPLETAS

22

—Otra prueba de María Higuera Claro —anuncia Miss Terio.
—¡Más **matemáticas**! —exclama Hache.

«Como ya has visto, las matemáticas son muy importantes en la labor de todo investigador, pero a veces también tienes que aplicar la lógica. Completa estas series numéricas y demuéstrame que eres capaz de combinar ambas disciplinas».

8, 14, 20, 26, 32, __, 44

21, 19, __, 15, 13, 11

2, 4, 8, __, 32

ADIVINA...

23-29

—Lo siguiente es una lista de preguntas... —murmura Hache—. ¡Ah, ya sé! ¡Son **adivinanzas**!
—Y parece que todas tienen que ver con el mismo tema, ¿verdad?

Lupa, que sabe que por una vez es el **protagonista**, no puede evitar ladrar.

SOY QUIEN VIGILA
LA CASA Y TU
MEJOR AMIGO,
¿QUIÉN SOY?

VISTE DE CHALECO BLANCO
Y NEGRO TIENE SU PECHO.
ES UN AVE QUE NO VUELA,
PERO SABE NADAR DERECHO.

NO ES CAMA NI ES LEÓN
Y DESAPARECE EN CUALQUIER
RINCÓN. ¿QUIÉN ES?

MI MADRE ME HIZO UNA CASA QUE NO TIENE PUERTAS NI VENTANA, PERO SI QUIERO SALIR DEBO ROMPER LA MURALLA.

NO ES MÁS GRANDE QUE UNA NUEZ, SUBE AL MONTE Y NO TIENE PIES.

DE CELDA EN CELDA VOY, PERO PRESA NO ESTOY.

LAS CINCO VOCALES EN SU NOMBRE LLEVA Y SIN SER AVE POR LAS NOCHES VUELA.

EL TEMPLO MALDITO

30

«Cuando era joven, un intrépido **arqueólogo** me buscó para pedirme ayuda. Estaba estudiando un templo muy antiguo, pero, aunque había conseguido **traducir** las instrucciones para poder acceder a él sin activar ninguna de las **trampas**, no era capaz de dar con la solución».

—Vendrá con **instrucciones**, ¿no? Porque, si no, ¿cómo lo hacemos? —dice Hache, dudoso.
—Tranquilo, ¡confía en María Higuera Claro! Mira, son sencillas:

«1. Tienes que pisar todas y cada una de las baldosas en tu camino.
2. No puedes pisar la misma baldosa dos veces.
3. Solo puedes avanzar hacia delante o hacia los lados, no en diagonal».

—¿Esto es lo que tú llamas **sencillo**? ¿Cómo **accedemos al templo** sin activar las trampas?

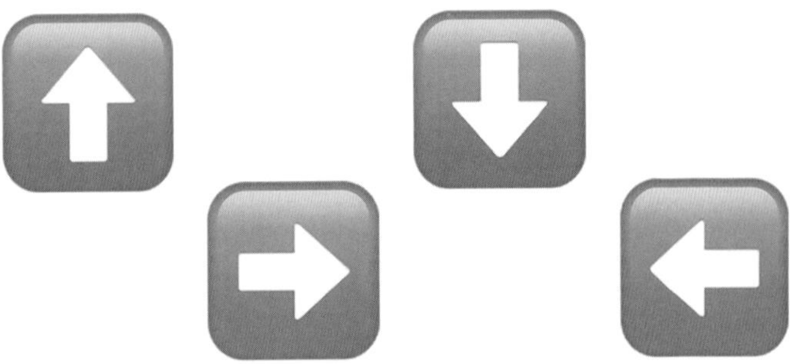

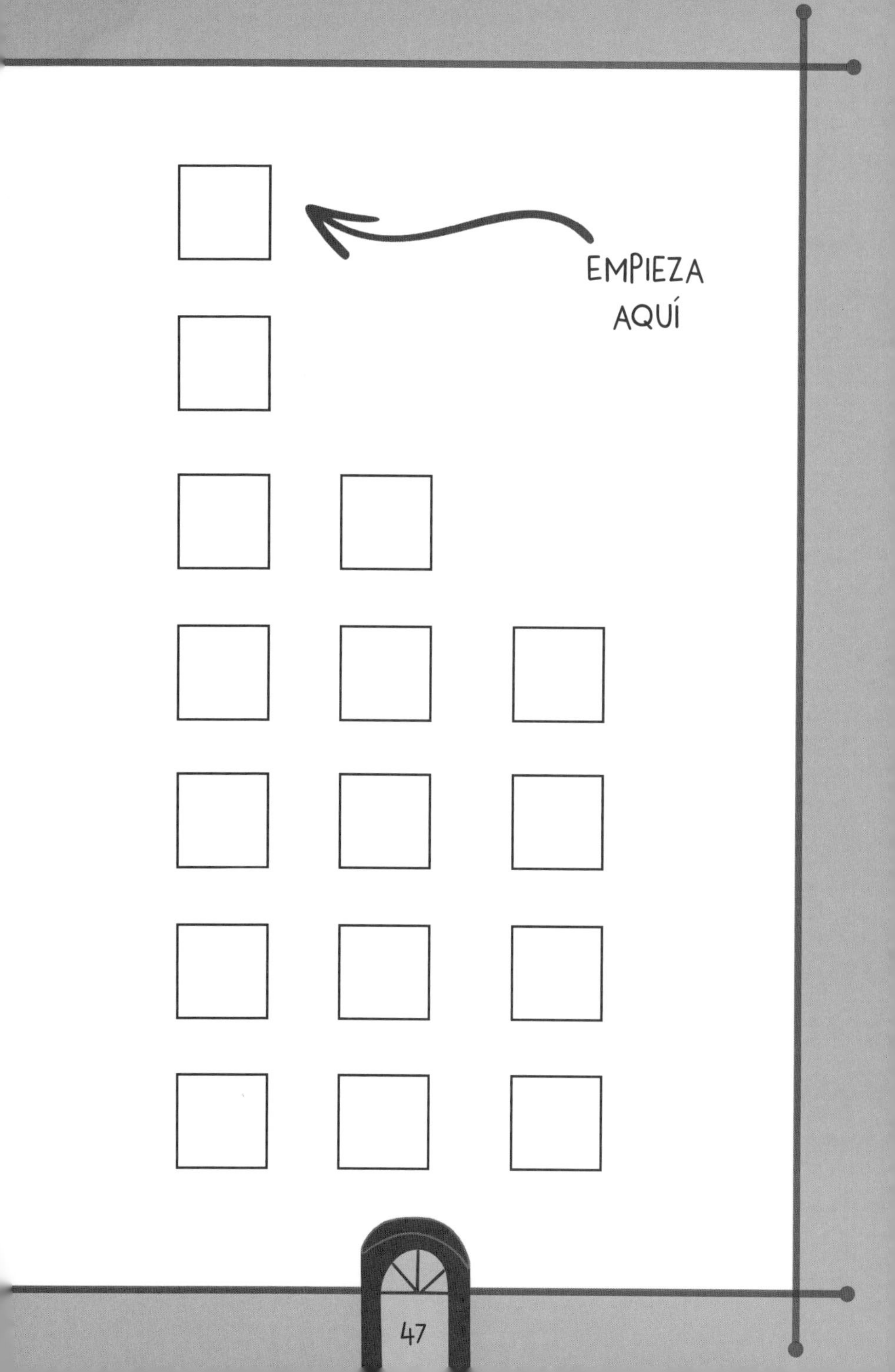
EMPIEZA
AQUÍ

BIZCOCHO DIPLOMÁTICO

—¡Este es otro misterio que tuvo que resolver la propia María Higuera Claro!

Miss Terio salta sobre las puntas de los pies, apenas conteniendo la **emoción**.

—Venga, lee —la anima Hache—, a ver si nosotros también somos capaces de resolverlo. ¿Es sobre un criminal? ¿El robo de alguna joya?
—No, es sobre... un **bizcocho** —aclara Miss Terio.

Lupa ladra emocionado: los misterios relacionados con comida son claramente sus **favoritos**.

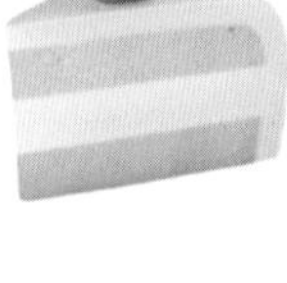

«Hace años asistí a una **cumbre internacional** para arreglar los problemas entre dos pequeños países vecinos. Tras meses de negociaciones, todo estaba listo para firmar un **acuerdo diplomático**. Nada podía salir mal, había que tener en cuenta los **detalles culturales** de cada país y que se sintieran **iguales y respetados**. Para acompañar el café, habían preparado un **bizcocho riquísimo**, pero nos encontramos con un **problema** tremendo. El bizcocho era **redondo** y estaba **sin cortar**. Las costumbres de un país indicaban que todos los trozos debían ser idénticos para las **ocho personas** que iban a comerlo. Pero las costumbres del otro país indicaban que solo se podían usar **tres cortes** para dividir cualquier tarta o bizcocho... ¿Cómo conseguí que cortáramos el bizcocho en ocho trozos idénticos con solo tres cortes? ¡Piénsalo bien, hay mucho en juego!».

ANIMALES CAMALEÓNICOS

—¡Otra prueba de **agudeza visual**! —dice Hache, extendiendo una imagen ante ellos.

—Entonces seguro que la ayuda de **Lupa** nos vendrá genial —bromea Miss Terio—. A ver qué pone...

«Hace unos años, un fallo eléctrico hizo que muchas de las jaulas de un pequeño **zoo** se abrieran a la vez... ¡permitiendo **escapar** a un montón de animales! Aunque los guardas del zoo pudieron contener a la mayoría, **diez animales** huyeron y se escondieron en un parque cercano... ¿Eres capaz de **encontrarlos**?».

¡ESPERA!, ¡FALTA UNO!

33

«¿Crees que lo has visto todo?... Sí, a nosotros también nos pasó... Después de encontrar los diez animales perdidos, nos avisaron desde el zoo... ¡Faltaba un tigre en el hábitat de los **felinos**! Vas a necesitar toda tu **atención** para encontrarlo porque este, sin duda, supo esconderse mejor que el resto de los animales...».

UN SOBRE MUY VALIOSO

34

—¡Una nueva **anécdota** de María Higuero Claro!

«Durante un crucero con amigos, todos decidimos proponer un enigma o pasatiempo al resto de los compañeros de viaje para pasar el tiempo. Evelyn, que había sido una famosa actriz de Hollywood en su juventud, metió una joya en un **sobre**. Luego nos dijo que el primero que fuera capaz de dibujar un sobre **abierto, sin levantar el lápiz del papel ni repetir ningún trazo**, se llevaría el verdadero sobre como premio. ¿Habrías conseguido la joya?».

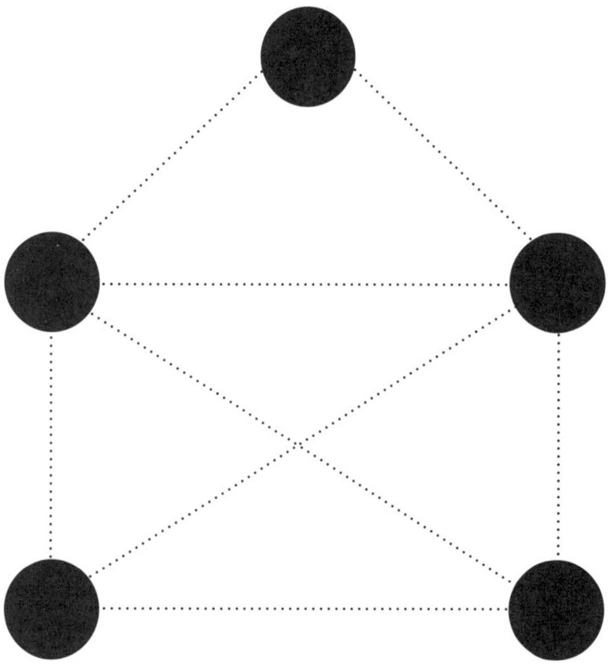

CONTINÚA LA INVESTIGACIÓN

—Espera, ¿no quedan más misterios en esta lista? —pregunta Hache.
—Creo que no... Sabes lo que significa eso, ¿verdad?
—¡Otro **anagrama**! Vamos a buscar.

Lupa, que ya ha aprovechado para buscar mientras, ladra desde una mesita.

—¡Ahí está!

AALVE LIBBIOETCA

_ _ _ _ _

_ _ _ _ _ _ _ _ _ _

LA CONTRASEÑA OCULTA

36

Miss Terio y Hache inspeccionan la habitación y encuentran una mirilla por la que se ve una cámara secreta que no consiguen abrir, así que van a la otra sala.

—¡Mira, esas cristaleras dan al porche! —dice Hache, apartando las cortinas.

«Durante uno de mis casos, me encontré con un misterio de lo más curioso. Un **excéntrico millonario**, al que le encantaban los **juegos de palabras**, había preparado numerosas pruebas para conseguir heredar su **fortuna**.

»Primero, había que abrir su **caja fuerte**, pero para ello no necesitabas cifras, sino letras... Por suerte, nos había dejado un listado de palabras y solo una de ellas era **diferente**. ¿Puedes encontrarla tú también?».

ACTRIZ	MONZÓN
BRIZNA	PINZAS
CEREZO	REGLAS

COMIENZA EL ENTRENAMIENTO

37

«Cuando el intrépido arqueólogo y yo estábamos preparándonos para **adentrarnos en el templo**, descubrimos que en su interior había un complicado laberinto. El desafío no era poder cruzar de un lado a otro, sino llegar hasta el **interior**, donde se encontraba uno de sus principales tesoros. Con esa información, comenzamos a prepararnos para el **reto** que teníamos ante nosotros. Y ahora, por supuesto, te toca a ti».

¿Qué **ruta** hay que elegir para llegar al centro del laberinto?

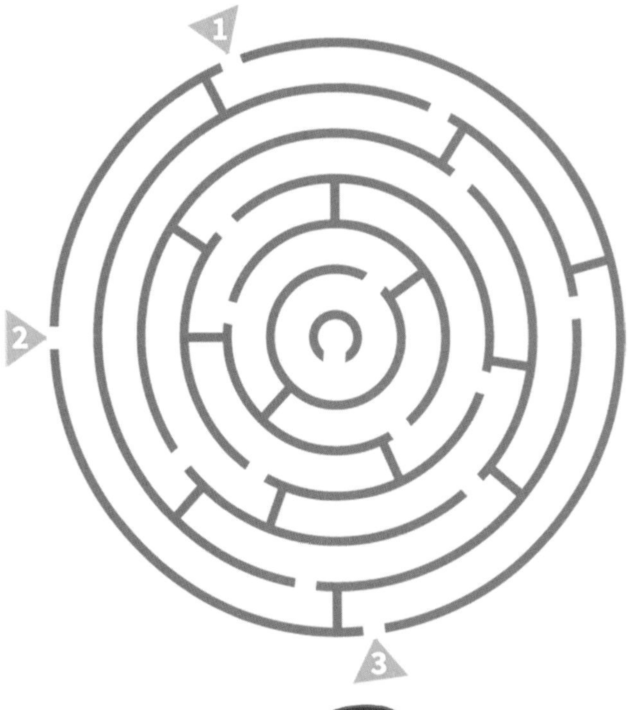

EL FALSO PIRATA

38

«Hace muchos muchos años, unos marinos quisieron reclamar la recompensa por haber atrapado al **pirata Malapata**, pero los guardas enseguida se dieron cuenta de que el hombre al que habían llevado ante ellos no era el **verdadero** Malapata... ¿Eres capaz de encontrar las **diez diferencias** entre los dos?».

¡Pssst! ¡Gira el libro para resolver el misterio mejor!

PALABRAS ENCADENADAS

39

—Aquí hay varias **listas de palabras** —se fija Miss Terio— y parece que debemos completarlas...
—Pero ¿qué tienen en **común**? —se pregunta Hache.

Lupa tira de los cordones de los zapatos de Miss Terio, porque él ya se ha dado cuenta de lo que hay que hacer.

—¡Ah, ya lo tengo!

TESORO
ROÑOSO
SOBORNO
NOBLEZA
ZAPATO

PASTA
TALEGO
GOLES
LESIONAR
NARIZ

COFRE
FRESAS
SASTRE
TREPAR
PARTIDA

PREGUNTAS ENIGMÁTICAS

40

—«Es hora de poner a prueba tu **ingenio** una vez más —lee Miss Terio—. Te voy a hacer una serie de preguntas, pero recuerda... **Piénsalo bien** antes de contestar».

—No parecen tan difíciles —opina Hache, mirando el listado.

—Será mejor que hagamos caso a María Higuera Claro y le demos **un par de vueltas** primero...

EN UN ACUARIO HAY 7 PECES Y 3 DE ELLOS SE AHOGAN, ¿CUÁNTOS QUEDAN?

LA MADRE DE LORENA TIENE 5 HIJAS: MARÍA, MERCEDES, MALENA, MARINA Y... ¿QUIÉN ES LA QUINTA?

LA PALABRA ASCENSOR EMPIEZA POR «A» Y TERMINA EN «T», ¿ES CIERTO?

ANTES DE QUE SE DESCUBRIERA EL MONTE EVEREST, ¿CUÁL ERA LA MONTAÑA MÁS ALTA?

¿QUÉ MESES TIENEN 28 DÍAS?

RECUERDOS DE VENECIA

41, 42

«El otro día estaba hablando con una de mis amigas, que también es detective, **Nigma**...».

—¡Esa es mi abuela! —interrumpe Miss Terio, emocionada.
—Sí, me lo he imaginado —le contesta Hache—. No creo que haya muchas detectives con ese nombre.

Lupa ladra, impaciente, y Hache sigue leyendo.

«Estuvimos horas hablando de uno de mis antiguos casos, ocurrido en **Venecia**, lo que me hizo pensar en las **góndolas** de la ciudad... Así que aquí tienes otra prueba de ingenio. ¿Eres capaz de **dibujar** esta barquita **sin levantar el lápiz** del papel?».

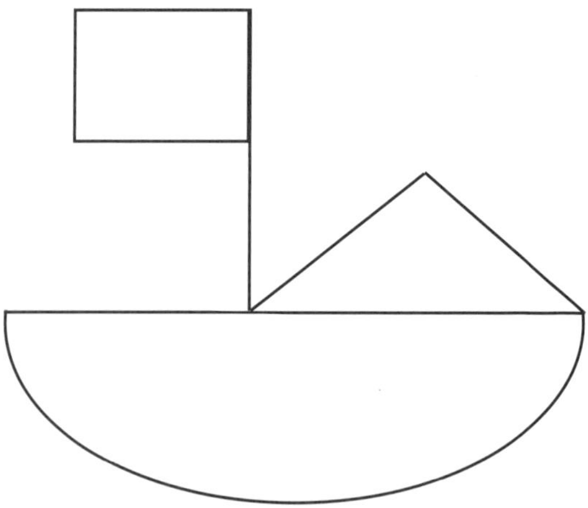

PRUEBA AYUDÁNDOTE CON LOS PUNTOS.

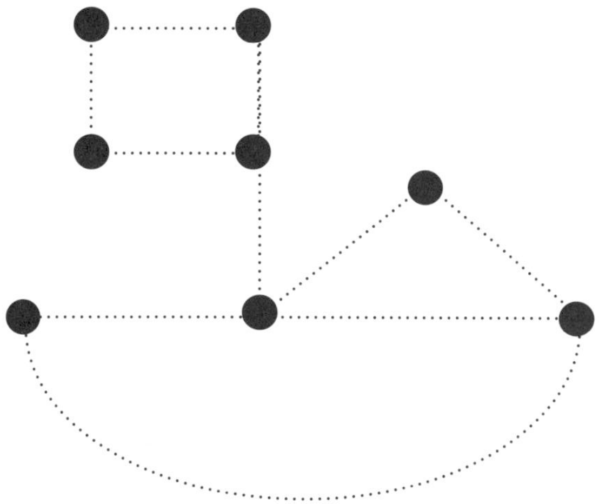

PRUEBA SIN AYUDA ALGUNA.

UN LÍO DE FLAMENCOS

«¿Recuerdas el incidente en el **zoo**? Bueno, pues una vez que conseguimos encontrar a todos los animales y devolverlos a sus hábitats, vimos que los **flamencos** se habían hecho un lío entre ellos mientras corrían por el recinto. ¿Eres capaz de **desenredarlos**?».

—¿Te imaginas que nos pasara algo así? —dice Hache, con entusiasmo.
—¿Que se escaparan todos los animales del zoo por accidente? ¡No quiero ni pensarlo!
—Sería **chulísimo**, seguro que podríamos montar en un elefante... ¡o en una jirafa! Y recorrer el zoo para...

Lupa ladra y luego suelta un gruñido, mirando a Hache con los ojos entrecerrados.

—Creo que a Lupa le está dando **celos**.

El perro gira el hocico. ¿Acaso no es la **mejor mascota** que podrían tener un par de detectives novatos?

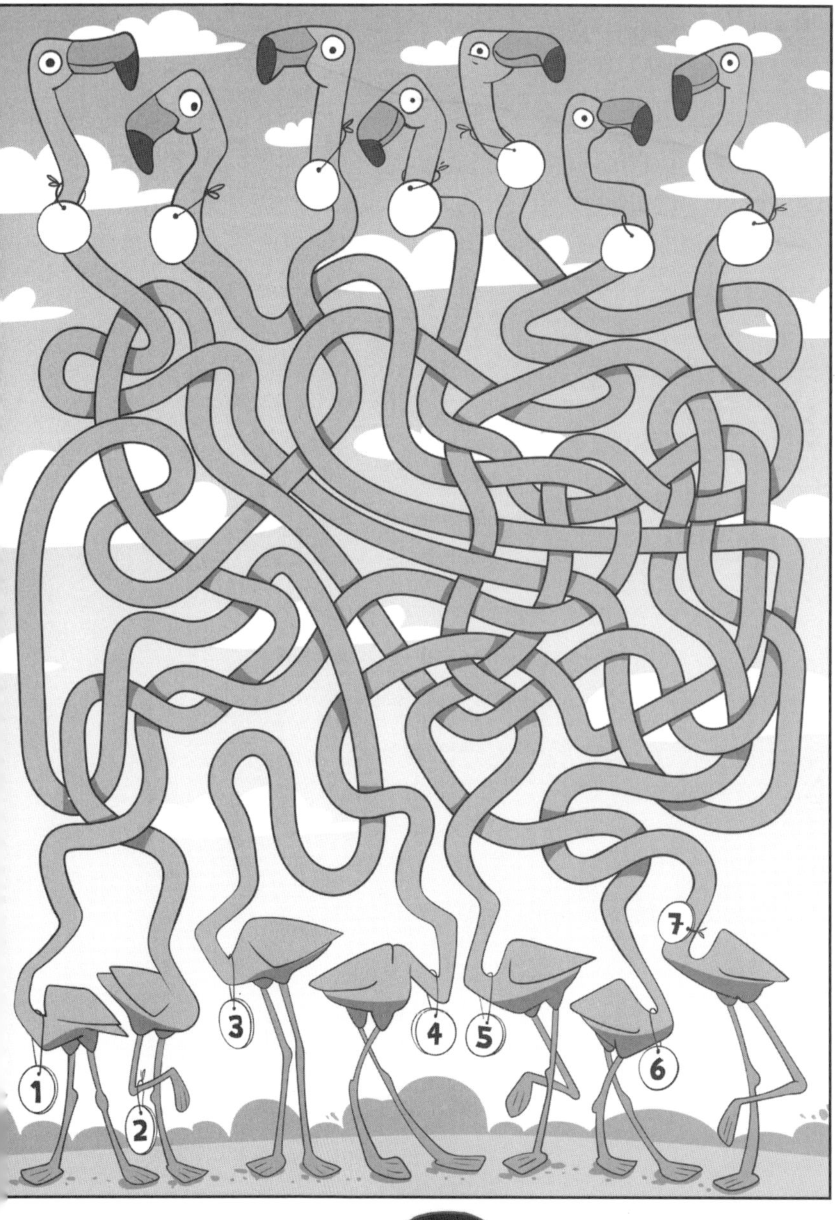
1
2
3
4
5
6
7

LABERINTO DE IDA Y VUELTA

44

—¡Mira, otro **laberinto**! —dice Miss Terio—. ¿Qué crees que habrá en su interior?

—No lo sé, pero tener que llegar al centro para luego dar media vuelta y salir otra vez... —murmura Hache.

—Todos los **descubrimientos** tienen un precio.

—Ya, qué hambre solo de pensarlo, ¿no? Venga, vamos a **solucionarlo** mientras busco algunas galletas más.

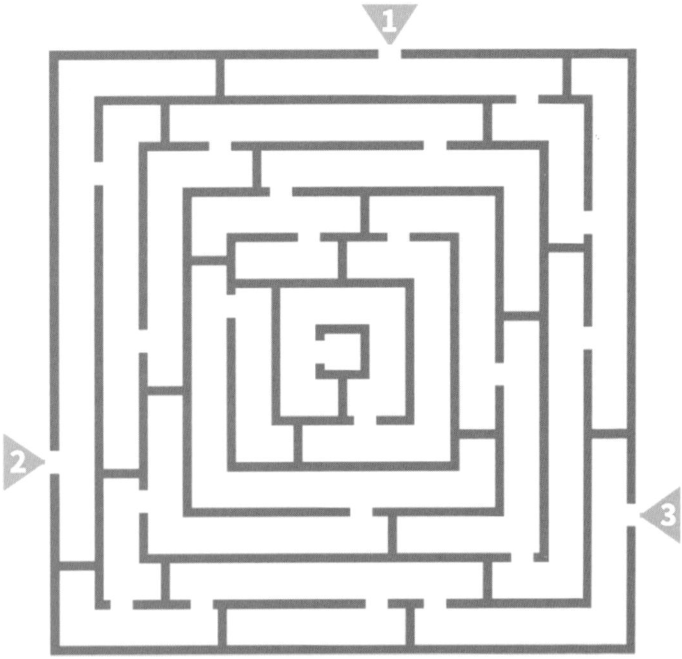

OTRA VUELTA DE ROSCA

«¿Qué tal se te han dado las **adivinanzas** hasta ahora? Uno de mis amigos, durante el crucero, decidió complicar un poco las cosas y plantearnos **verdaderos retos**. Decía que no quería que nos aburriéramos con enigmas demasiado sencillos... Y yo, por supuesto, tampoco quiero que un aspirante a detective con tu talento se aburra, así que aquí tienes unas cuantas adivinanzas para **ponerte verdaderamente a prueba**».

¿CUÁL ES LA PREGUNTA A LA QUE NO TE PUEDEN RESPONDER QUE NO?

¿EN QUÉ LUGAR VA EL JUEVES ANTES QUE EL MARTES?

¿QUÉ VA HACIA ARRIBA Y HACIA ABAJO, PERO NUNCA CAMBIA DE LUGAR?

¿QUÉ LETRA PASA DE SER UNA CONSONANTE A UNA VOCAL CON TAN SOLO DARLE LA VUELTA?

¿QUÉ TIENES SIEMPRE DELANTE, PERO NO PUEDES VER?

SI LO GUARDAS, LO TIENES, Y, SI LO COMPARTES, NO LO TIENES NUNCA. ¿QUÉ ES?

EL SÍMBOLO SECRETO

46

«Aquel intrépido arqueólogo al que ayudé a adentrarse en un templo se encontró muchas más **trampas** en su interior. Yo, por supuesto, me ofrecí a ayudarlo. ¡No todos los días puede ser una parte de increíbles descubrimientos históricos!

»En una de las puertas nos encontramos el siguiente **símbolo**. Para poder activar el mecanismo, teníamos que **recorrer la superficie** del símbolo **sin apartar el dedo de la piedra ni repetir ningún paso**. ¿Eres capaz de averiguar cómo lo hicimos?».

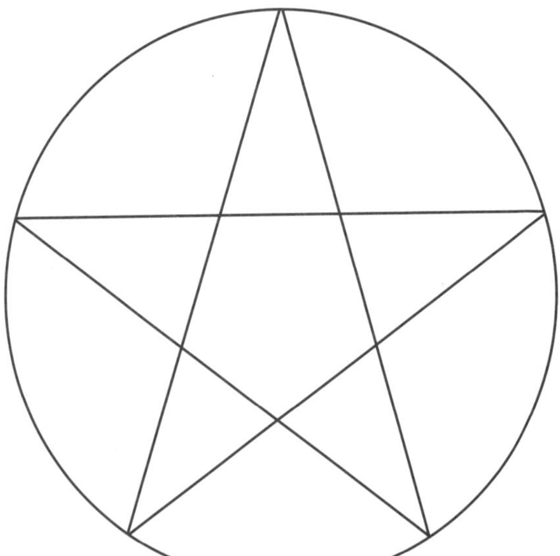

PRUEBA AYUDÁNDOTE CON LOS PUNTOS.

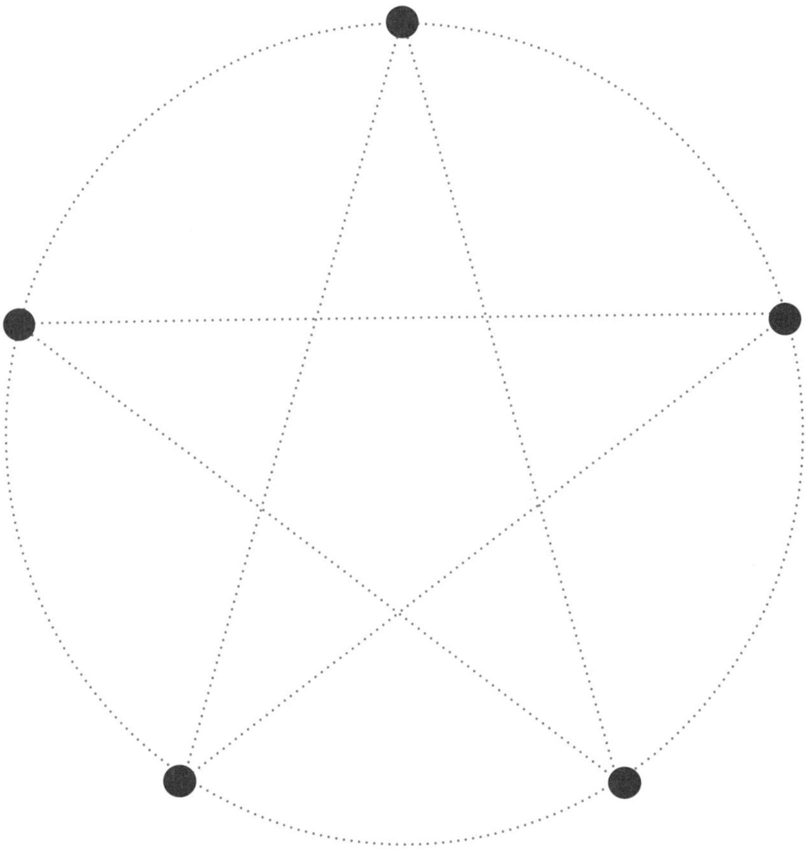

LABERINTO DE PALABRAS

47

«¿Recuerdas a nuestro amigo, el excéntrico millonario obsesionado con las **palabras**? En otra de sus pruebas, había preparado un laberinto y la única pista que nos dejó para cruzarlo fue la **dirección** que debíamos seguir. ¿Sabes cuál es?».

ABSURDA

USURPAR

SURCAR

FISURA

RESURGIR

INCISURA

CONCURSO AMAÑADO

48

«La gente hace **trampas** en las situaciones más curiosas. Hace poco asistí a una exposición de **plantas extraordinarias**, donde al final entregaban una medalla a la planta mejor cuidada. Pues, para mi sorpresa, una amiga, que había presentado su mejor planta, me pidió ayuda: ¡alguien había dado el **cambiazo** con una de las suyas! Por suerte tenía fotos de todas y pudimos **identificar la auténtica**. ¿Tú eres capaz de ver las **diez diferencias**?».

UN LABERINTO SIN SALIDA

49, 50

—Esta prueba es un **laberinto** —anuncia Miss Terio—. Es una pena que no los tengamos que recorrer de verdad, seguro que Lupa nos guiaría a la salida en un pispás.

Lupa ladra, ofendido, porque él podría resolver los laberintos en papel también. El problema es que Miss Terio y Hache no siempre le entienden cuando intenta ayudarlos.

—Claro que sí —le dice Hache—. ¿Quieres una galleta?

El chico saca un paquete de galletas de la mochila mientras Miss Terio lee las **instrucciones**.

—Tenemos que dibujar **todos los pasillos** del laberinto **sin volver atrás** en ningún momento ni repetir ningún pasillo. ¡Vamos allá!

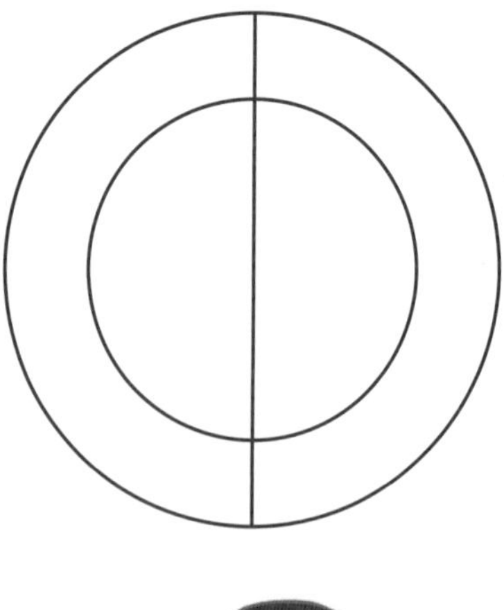

PRUEBA AYUDÁNDOTE CON LOS PUNTOS.

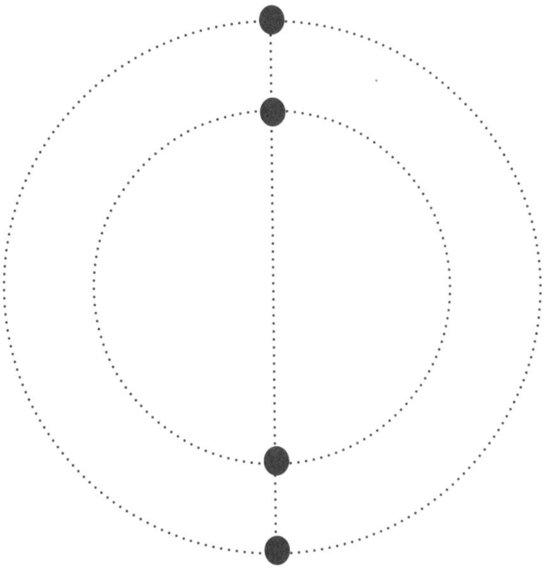

PRUEBA SIN AYUDA ALGUNA.

DESARROLLA EL MISTERIO

51

Un **auténtico detective** tiene que estar preparado para cualquier cosa y conocer todos los campos de conocimientos posibles. Para eso hay que **estudiar mucho**, realizar muchos experimentos y... pensar, sobre todo, **pensar**.

Todos los misterios que se encuentran en el Caserón Misterioso son eso: **MISTERIOS**. De esta palabra se pueden sacar muchísimas cosas. Entre ellas... muchas otras palabras, si utilizas sus letras.

Encuentra al menos **cinco palabras** que se puedan escribir **usando las letras** de «misterios». ¡No necesitas usarlas todas!

1.

2.

3.

4.

5.

VOLVER A INTENTARLO

52

«Voy a reconocer algo. Cuando era joven y me tuve que enfrentar al templo y todos sus misterios... Me **equivoqué** en más de una ocasión. Sí, como lo lees, yo también me he equivocado muchas veces, sobre todo cuando me dejaba llevar por la **emoción** y no me tomaba el **tiempo** necesario para prepararme antes de enfrentarme a un nuevo misterio. Así que hazme caso: ten **paciencia** y no te preocupes si te equivocas, solo debes **volver a intentarlo**».

¿Qué **ruta** hay que elegir para llegar al centro del laberinto?

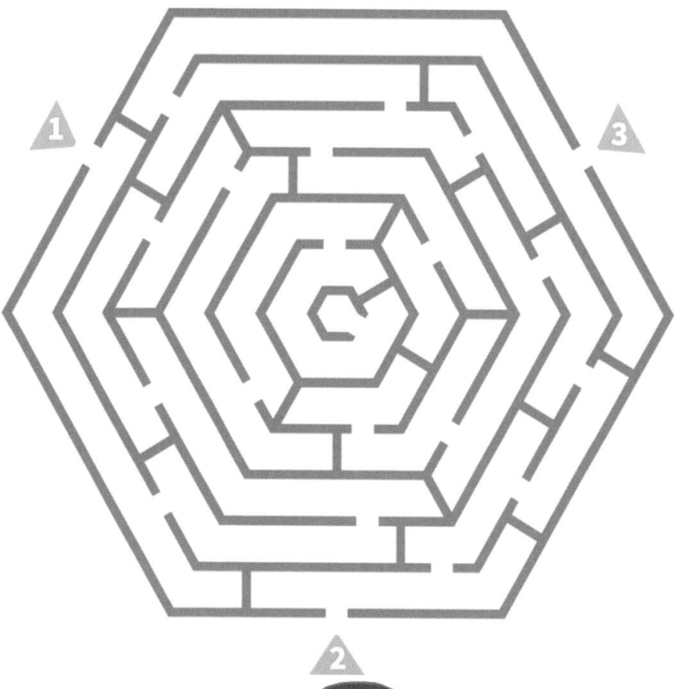

¡EL ENGAÑO CONTINÚA!

53

«¿Te acuerdas del cambiazo que le dieron a mi amiga en una exposición de plantas? Pues, aunque conseguimos dar con la planta auténtica, no pudimos encontrar al **culpable**... Mi amiga me insistió en que no tenía más importancia, pero no pude evitar preguntarme... ¿Estaría ocurriendo en **más concursos**? Así que me puse en contacto con los organizadores y pedí que fotografiaran todas las plantas antes de exponerlas. En cuanto llegué al siguiente concurso... ¡di con otro **cambiazo**! ¿Puedes ver las **diez diferencias** entre la original y la falsa?».

UN PASO MÁS ALLÁ

54

—¡Bueno! —exclama Hache, dando una palmada—. ¿Qué toca ahora?
—Pues... creo que ya hemos terminado aquí —contesta Miss Terio.
—¿Cómo? ¿Que **no hay más misterios**?

Lupa gruñe.

—En esta **habitación**, Hache. Me refiero a que, según este mensaje, tenemos que **seguir recorriendo la casa**.
—Uff, qué susto me has dado, con lo bien que lo estamos pasando.

«¿Qué os ha parecido mi **hogar** hasta ahora? Espero que hayáis disfrutado del recorrido tanto como de los misterios y de mis anécdotas. ¿Queréis ver más?».

ABUSEL EMIRPOSIPR

_ _ _ _   _ _

_ _ _ _ _ _   _ _ _ _

Y AHORA...

Después de seguir las instrucciones del **anagrama** y llegar al `distribuidor`, Hache y Miss Terio observan a su alrededor.

—¿Y ahora qué?
—Mira, hay un **papel** sobre esa mesita —señala Hache—. ¡Es otro anagrama!

RATNEAABLL
RTAOOORI

_ _ _ _ _   _ _

_ _ _ _ _ _ _ _ _ _ _

CRUZA EL RÍO

56

Miss Terio, Hache y Lupa se encuentran en una habitación con dos ventanas.

—Este es uno de esos acertijos de **ingenio** que tanto te gustan —dice Miss Terio.

Lupa, que cree que se refiere a él, mueve el rabo, contento. Pero es Hache el que contesta.

—¡Vamos a verlo!

«Un granjero fue un día al mercado. Allí compró un **lobo**, una **oveja** y un **brócoli**. Para volver a su casa debía **cruzar un río** con su barca. El problema era que en esta solo cabían él y una de sus compras, por lo que tendría que hacer **varios viajes**. Pero... ¿cómo? Si el lobo se quedaba solo con la oveja, se la comería, y si la oveja se quedaba sola con el brócoli, sería ella quien se comería la verdura...

»¿Cómo consiguió cruzar el granjero a la otra orilla con todas sus compras?».

LA FALSIFICADORA

57

«Cuando ya era famosa por mis dotes detectivescas y mi ingenio, una reputada falsificadora de antigüedades se puso en contacto conmigo. Me envió una **carta** en la que decía que se había aburrido de ser más lista que todos los policías que intentaban atraparla y que había dado el **cambiazo** de una pieza importantísima en un museo. Si yo era capaz de resolver el enigma que me proponía, me diría dónde estaba la verdadera pieza y se **retiraría**. Yo conseguí resolver la prueba, por supuesto, pero ella se cansó pronto de la jubilación y volvió a las andadas. Aunque esa es otra historia... La prueba era la siguiente: tenía que **replicar** el símbolo que me enviaba, sin levantar el dedo ni pasar dos veces por el mismo trazo».

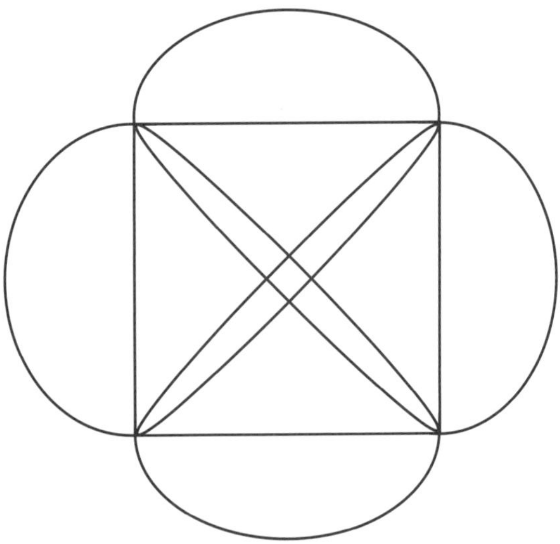

PRUEBA AYUDÁNDOTE CON LOS PUNTOS.

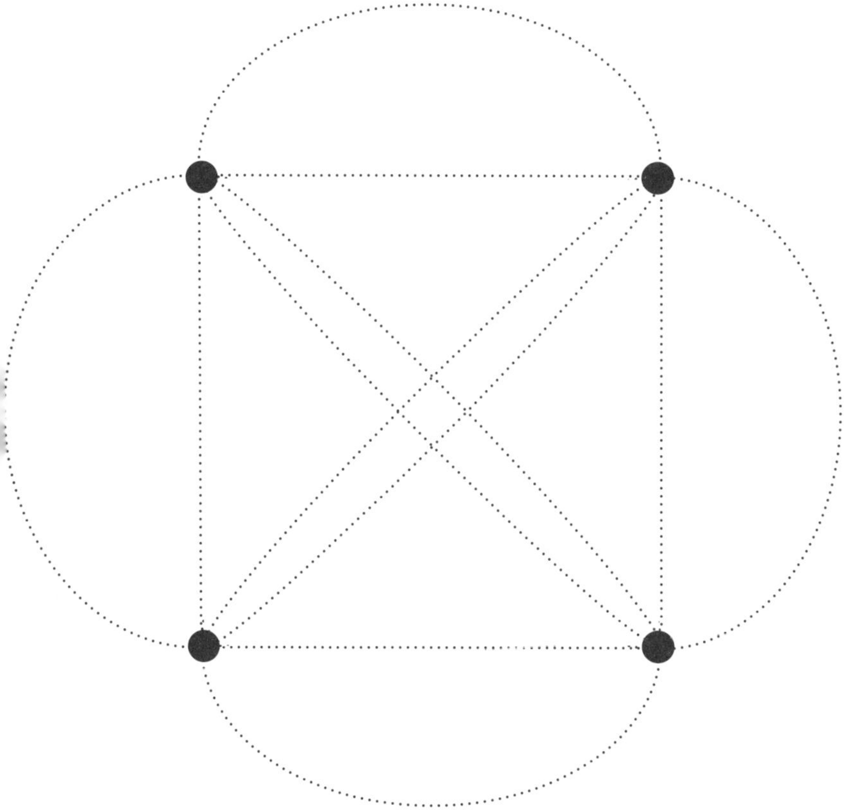

TRAS EL ESTAFADOR

58

—No me lo puedo creer —murmura Miss Terio.
—¿Qué pasa?
—Es **otro cambiazo** de plantas en una exposición. ¿Por qué alguien haría algo así?
—¿Por el dinero del premio? —pregunta Hache.
—¡Si el premio es una medalla decorativa!

Lupa ladra mientras los chicos buscan las **diez diferencias** entre ambas plantas. No queda claro si él considera que la medalla vale la pena o no...

LOS ELEMENTOS DEL ROBO

59

«¡Se ha producido un **robo**! Con esa información y viendo las **pistas**, ¿eres capaz de saber cuáles son los **elementos del delito y la investigación**?».

1. 

2. 

3. 

4. 

5. 

EL MEJOR SITIO DEL MUNDO 60

«¿Acaso hay algún lugar mejor que una **biblioteca**, llena de libros, con ese olor a papel, a aventuras...? Si hay un sitio donde **todo es posible** es en los libros, así que ¡imagínate todo lo que puede ocurrir en una biblioteca llena de ellos! Pero a veces en las estanterías puedes encontrar algo más que libros... ¿Eres capaz de descubrir los **objetos ocultos**?».

BÚHO LECTOR 61

Es bien sabido que los **búhos** son grandes lectores. Y cazadores. Y buenos escondiéndose. Así que encontrar a este no va a ser fácil.

¿Dónde se **esconde**?

LA PRÁCTICA HACE AL MAESTRO

62

«A lo largo de mi vida me he vuelto experta en muchos tipos de enigmas y misterios. Podría decir que, de hecho, lo soy en casi todos, pero la verdad es que todos **tenemos nuestras fortalezas**. A mí los **laberintos** no se me daban nada bien, me costaba tomarme el tiempo para pensar y valorar las opciones; ¡si solo debía andar un poco más rápido para llegar a mi objetivo! Es por eso, precisamente, que tuve que **practicar** tanto en mi juventud».

NO TE CONFÍES

63

—¡**Otro laberinto**! —exclama Hache—. Seguro que este lo resuelvo a la primera, ¿quieres apostar algo?
—Claro —le contesta Miss Terio—. ¿Qué te apuestas a que María Higuero Claro tiene razón y no hay que **confiarse** demasiado?

Lupa ladra, divertido, dándole la razón.

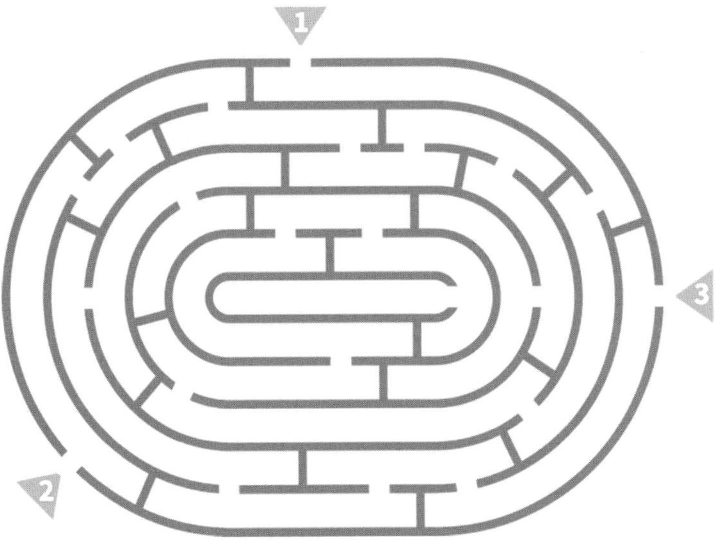

COPOS DE NIEVE

«En una feria universal, un famoso científico anunció que había conseguido cristalizar los **copos de nieve** de forma que se pudieran preservar para siempre. Aseguraba que todos y cada uno de ellos eran **únicos**, pues la ciencia dice que, efectivamente, no hay dos copos de nieve iguales. Sin embargo, pronto pude demostrar que el científico era un **farsante** y que lo que vendía eran réplicas falsas. ¿Cómo lo descubrí?».

UN MISTERIO DE PELÍCULA

65

—¡Otra parte de la historia del **templo**! —dice Hache, agitando el papel en el aire.
—Me encanta esa anécdota de María Higuero Claro, ¡deberían hacer una película!

Lupa, a quien le encanta tumbarse en el regazo de la abuela Nigma mientras ve la televisión, pone los ojos en blanco.

—La detective cuenta que los misterios del templo fueron **complicándose** según se adentraban en él.
—Tiene sentido —añade Miss Terio.
—Uff, necesitaron resolver otro de esos **extraños símbolos**... Hay que recorrer todo el dibujo, **sin levantar el dedo ni pasar dos veces** por el mismo trazo. ¡A ver si somos capaces!

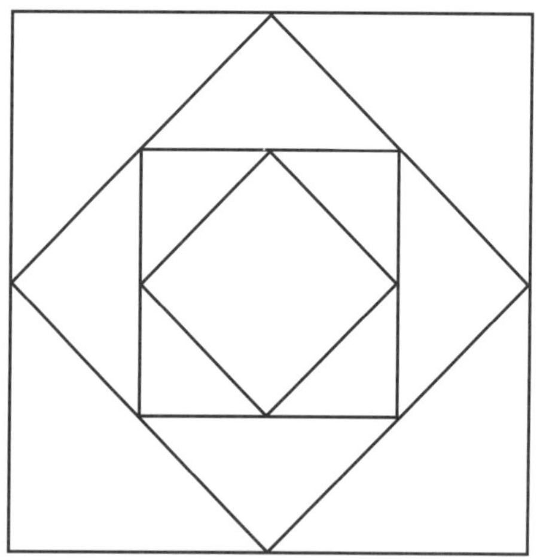

PRUEBA AYUDÁNDOTE CON LOS PUNTOS.

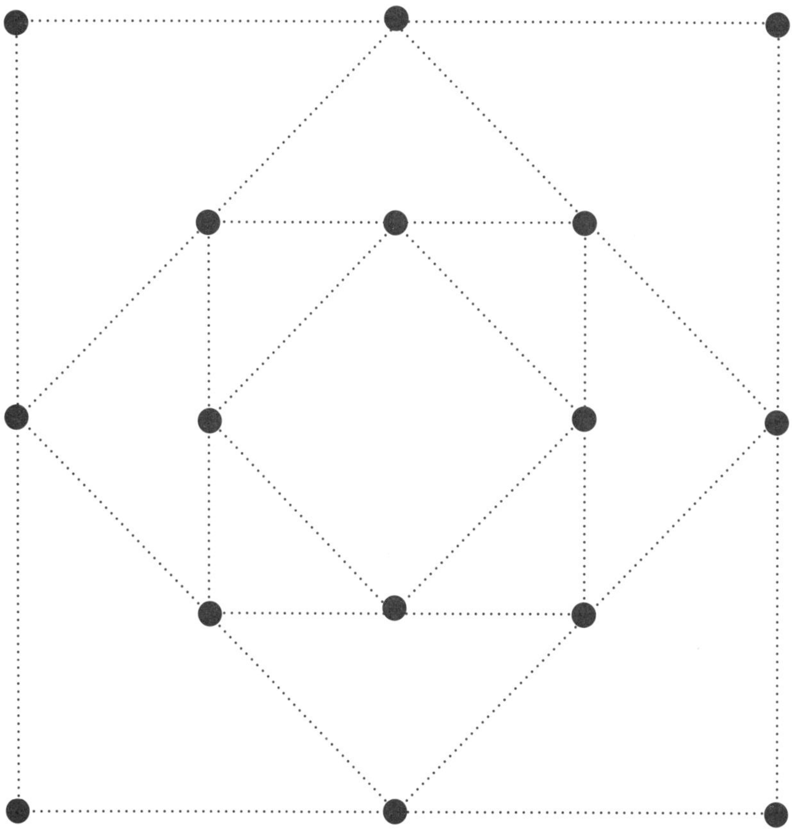

LA SOLUCIÓN EN LA SOPA

66

—Este texto está incompleto... —murmura Hache—. Faltan **palabras**.

—Mira, hay un montón de **letras** debajo —indica Miss Terio—. Es una sopa de letras, ¿verdad?

—¡Eso parece! A ver si somos capaces de **completar** la historia.

«UN _______
ESPECIALIZADO EN ______
MUY VALIOSAS _______
UNA FAMOSA TIENDA
DE ________. DE ALLÍ
SE LLEVÓ UN CARÍSIMO
_______ Y UNOS
CUANTOS ________ DE
__________».

C	B	L	O	N	D	R	E	S
O	I	A	S	H	E	C	L	O
L	L	D	E	U	O	N	P	U
L	U	R	O	R	S	E	L	J
A	P	O	C	A	R	T	A	E
R	Z	N	T	A	I	M	S	T
I	L	P	E	U	S	V	A	C
D	I	A	M	A	N	T	E	S
E	O	I	G	J	O	Y	A	S
S	A	N	I	L	L	O	S	U

EL TESORO

«Por fin, tras muchas horas de preparación y entrenamiento, el intrépido arqueólogo y yo consideramos que estábamos preparados para adentrarnos en el **laberinto** que había en el interior del **templo**. En su centro nos esperaba el mayor **tesoro** del lugar. Solo nos quedaba saber **por dónde entrar**. Seguro que, después de tanto entrenamiento, tú también puedes conseguirlo».

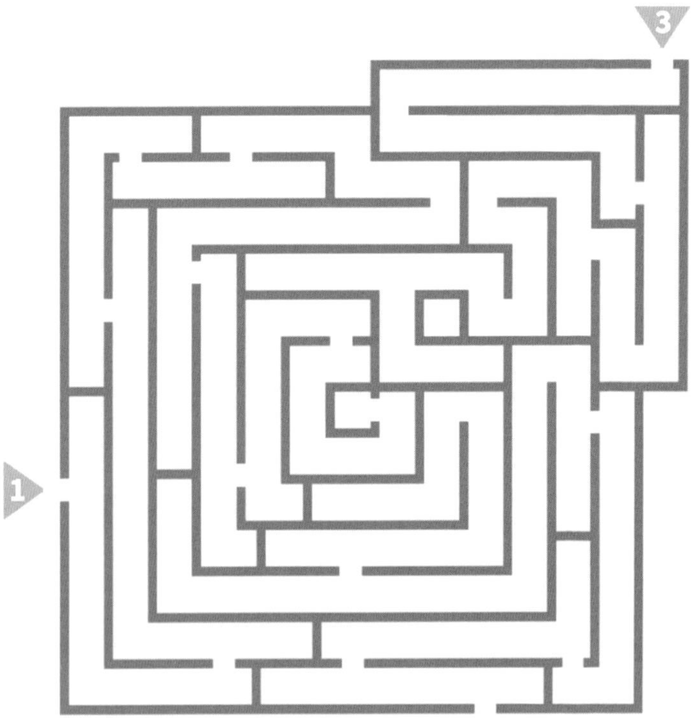

¡ESTAFADOR ATRAPADO!

68

«Aunque tuve que recorrerme **más exposiciones de plantas** de las que creía que era posible que existieran (¡a la gente le apasionan las plantas!), por fin di con la forma de atrapar al culpable. Me di cuenta de que siempre daba el **cambiazo** cuando ya estaban preparadas y aún no habían abierto al público... Para comprobarlo, me escondí entre las plantas y, cuando vi que el **culpable** daba el cambiazo, ¡aparecí de un salto! Intentó defenderse, insistiendo en que solo estaba recolocando las plantas, pero yo tenía las fotos originales y sabía cuál era la verdadera... ¿Eres capaz de ver las **diez diferencias** tú también?».

PRUEBA PARA DETECTIVES

69, 70

«Tanto el intrépido arqueólogo como yo pasamos años hablando de todas las **aventuras** que vivimos en aquella expedición. En una ocasión, un compañero detective especializado en símbolos quiso ponerme a **prueba**. Quería saber si, después de tantos años, era capaz de resolver **otro misterioso símbolo**. Las reglas eran las mismas de siempre: tenía que recorrer cada parte del dibujo, **sin levantar el lápiz** del papel **ni repetir** ningún trazo. ¡Pan comido! Seguro que tú también puedes hacerlo».

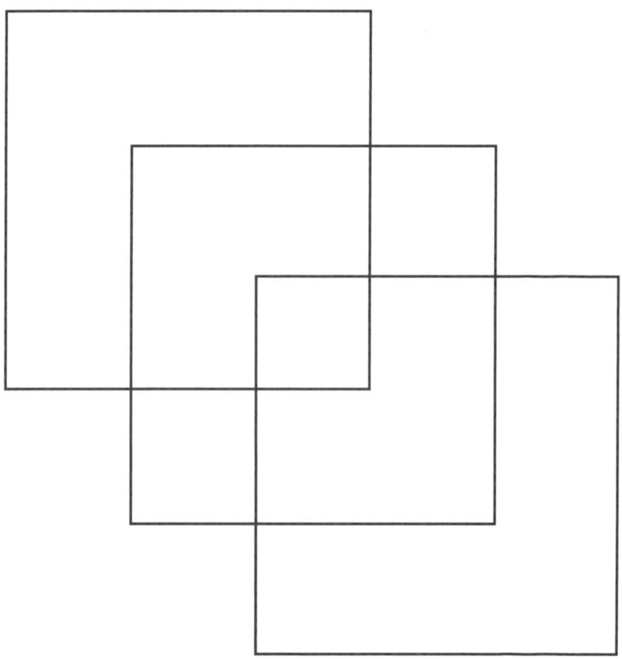

PRUEBA AYUDÁNDOTE CON LAS LÍNEAS DE PUNTOS.

PRUEBA SIN AYUDA ALGUNA.

EL PODER DE LA IMAGINACIÓN

71

«Hemos hablado mucho del ingenio, de la importancia de las palabras, las matemáticas, la concentración... Pero, si hay algo extremadamente importante para cualquier detective que se precie, es el poder de la **imaginación**.

»Aquí te presento un dibujo. Esta vez, además de **localizar** los objetos mencionados, tienes que **pintarlos** de colores para destacarlos del resto. Recuerda, ¡usa tu imaginación!».

¡Pssst! ¡Gira el libro para resolver el misterio mejor!

LADRONES EN EL ACUARIO

72

—Este es un **antiguo caso** de María Higuera Claro —anuncia Hache, leyendo las instrucciones.

—¡Cuéntame! —pide Miss Terio.

—La detective fue contratada por un **acuario**. Durante la noche les habían **robado** uno de sus valiosos peces, pero... ¡no sabían cuál! María tuvo que analizar las imágenes de antes y después del robo para poder **identificar al pez**.

—Seguro que nosotros también lo encontramos.

Lupa olfatea y, como **no huele a pescado** por ningún sitio, deja que sean Hache y Miss Terio los que se ocupen esta vez.

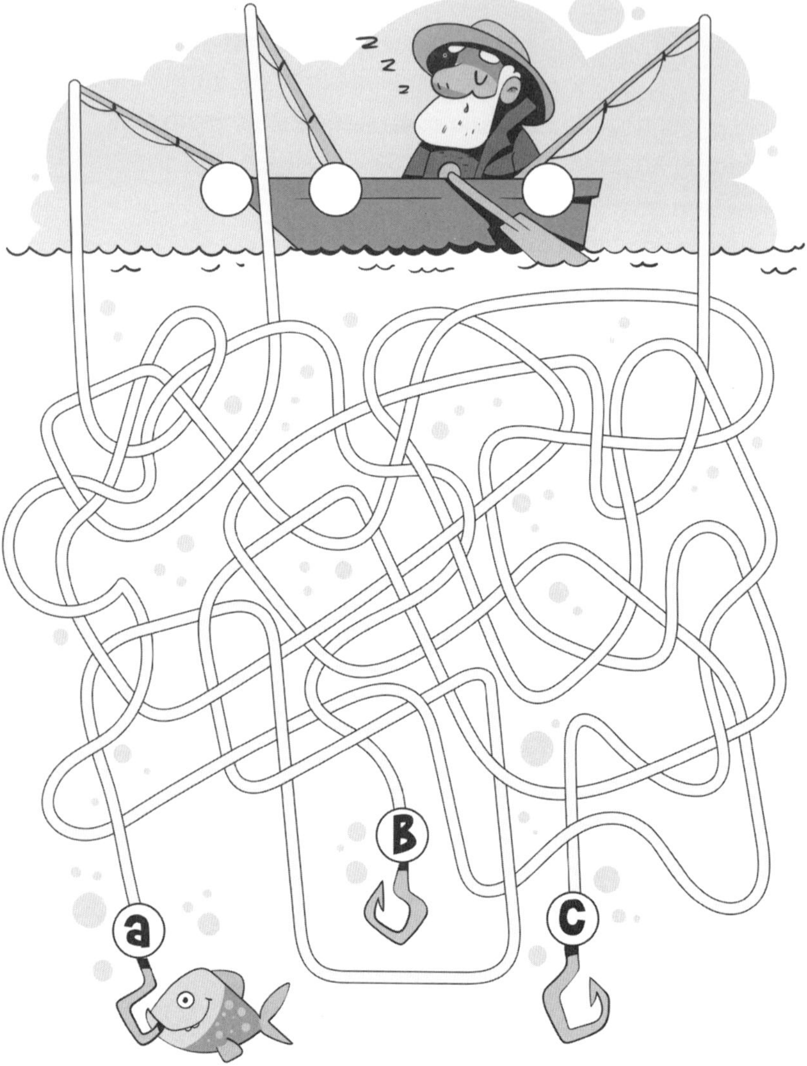
Z
Z
Z
a
B
C

EL PESCADOR

Miss Terio se aclara la garganta, con el **papel** ante ella.

—«Un **pescador**, agotado tras un largo día de faenar, se quedó dormido en su barca. Por fin, un pez picó el **anzuelo**, despertándole. No estaba seguro de **cuál** de las cañas tenía que recoger... ¿Puedes ayudarle a identificar cada caña con su anzuelo?».

—Genial, vamos a ver quién lo descubre primero —se anima Hache.

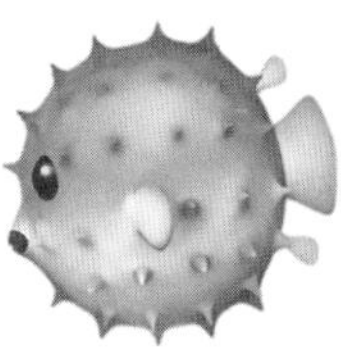

¿HA HABIDO UN ROBO?

74

«Estaba un día de compras en un **centro comercial** hasta los topes de gente cuando una pareja pasó corriendo a mi lado. Un expositor lleno de **paraguas** se cayó al suelo, volcándolos todos. Un guarda de seguridad se acercó muy enfadado y acusó a la pareja de haberlos tirado adrede para **robar** uno de ellos. Por suerte, pude echar una mano y conté rápidamente los paraguas para demostrar la inocencia o la culpabilidad de la pareja. ¿Eres capaz de **contar** cuántos paraguas había?».

LA HABITACIÓN FINAL

75

«Para poner **punto final** a esta aventura, vamos a ir a un último lugar, mi **habitación favorita** de toda la casa... Allí es donde preparé todas estas pruebas, así que creo que es el mejor sitio para poner fin al recorrido».

—¡Oh! ¿Ya estamos **terminando**? —protesta Hache.
—Si hace un momento estabas diciendo que te morías de **sueño**... —le recuerda Miss Terio.
—¡Ya se me ha pasado!

Lupa suspira, cansado él también, pero de las contradicciones de sus humanos.

AASLEADLATESR

_ _   _ _ _ _

_ _   _ _ _ _ _

¡NO TAN DEPRISA!

76, 77

Miss Terio, Hache y Lupa vuelven al `distribuidor` y van a la última sala, que da paso a la `terraza`.

«Seguro que al ver esta imagen has pensado que es **otro símbolo**. De hecho, parece incluso más sencillo que todos los anteriores, ¿verdad? Pues piénsalo mejor y manos a la obra.

»Ya conoces las **reglas**:

-No puedes levantar el lápiz del papel.
-No puedes repasar un trazo que ya hayas hecho».

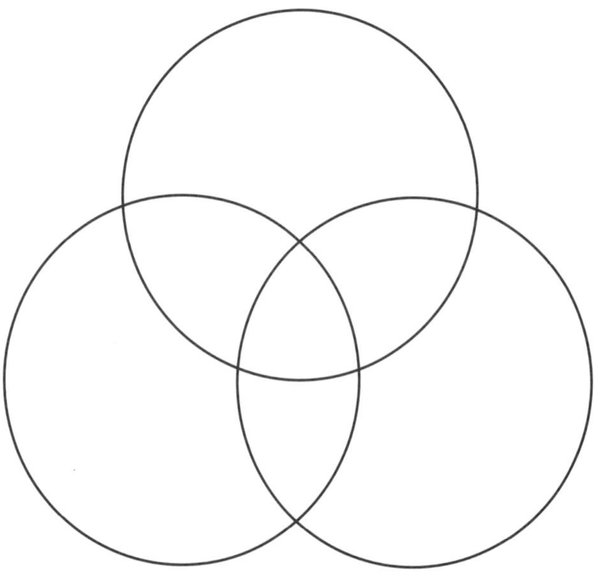

PRUEBA AYUDÁNDOTE CON LOS PUNTOS.

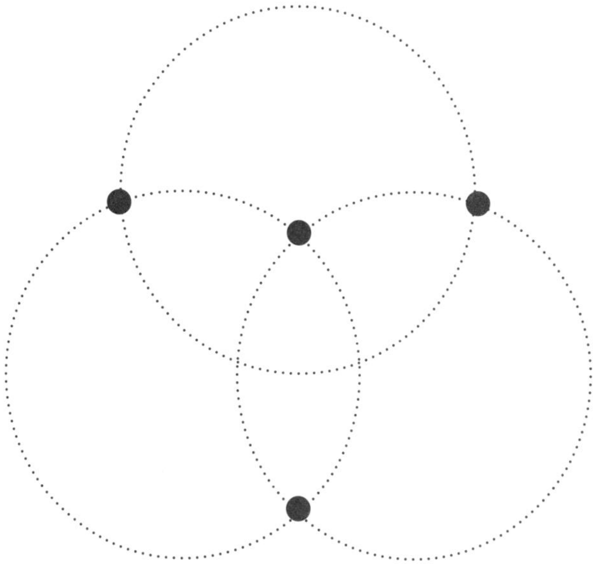

PRUEBA SIN AYUDA ALGUNA.

UN CUADRO MUY CURIOSO

78

«Una de las amigas con las que viajaba en el crucero era una **pintora** de enorme talento. Mientras los demás planteábamos nuestros enigmas y pasatiempos, ella parecía absorta en su trabajo, como de costumbre. Sin embargo, cuando llevábamos un par de días de viaje, nos dio una **sorpresa**.

»Había **pintado** el siguiente **cuadro**, en el que había escondido **diez objetos** que colocó ante nosotros. ¿Quién los encontraría primero?».

¡MIRA QUÉ HORA ES!

79

—«Es posible que empieces a notar el **cansancio**» —lee Hache.

Miss Terio resopla.

—Nunca me he quejado de tener que resolver misterios, pero es verdad que llevamos **horas**... —dice ella.
—«Aun así, estoy segura de que todavía te quedan **fuerzas** y capacidad de **observación** para alguna prueba más» —lee Hache—. Pues espero que sí. Venga, ¡nos queda poco, Elena! Digooo... Miss Terio. «**Tres** de los siguientes relojes indican la **misma hora**. ¿Eres capaz de encontrarlos y decir qué hora señalan?».

UN POCO DE IMAGINACIÓN

80

«¿Quieres que ricemos el rizo un poco más? **Tranquilidad**, si has llegado hasta aquí es porque has demostrado de sobra tu ingenio y tu talento para recrear **símbolos**... Así que esta vez no te voy a dar un símbolo. Lo que tienes ante ti son **nueve puntos**. Debes unirlos todos utilizando **cuatro trazos**. Ya sabes las reglas: no puedes levantar el lápiz del papel ni volver a pasar por el mismo sitio. **Recuerda**: cuatro trazos, **sin levantar** el lápiz».

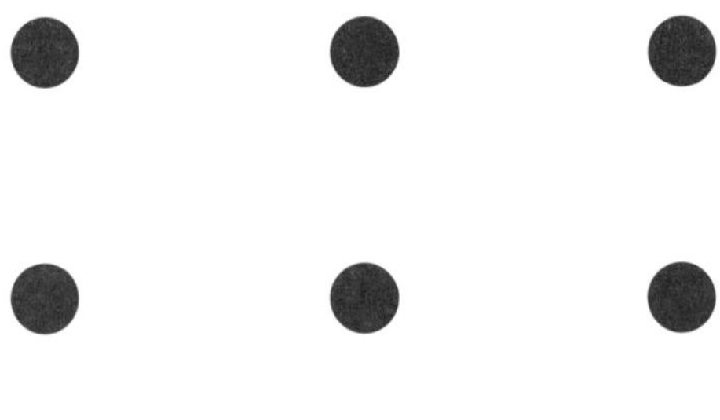

PRUEBA AQUÍ TAMBIÉN SI NECESITAS OTRO INTENTO.

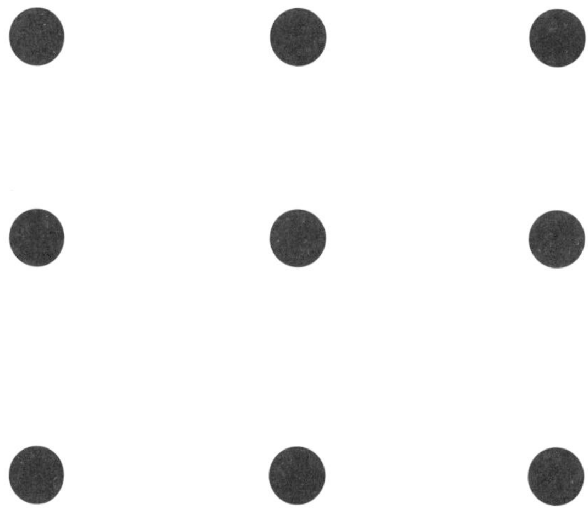

¡Pssst! ¡Nadie ha dicho que los trazos tengan que empezar y acabar en puntos!

LA PIEZA FINAL

81

«Si has conseguido llegar hasta aquí, está claro que tu capacidad de **concentración** y tu atención al **detalle** son insuperables. Pero..., por si acaso, vamos a ponerlas a prueba una última vez. ¿Eres capaz de **encajar** cada pieza en su lugar?».

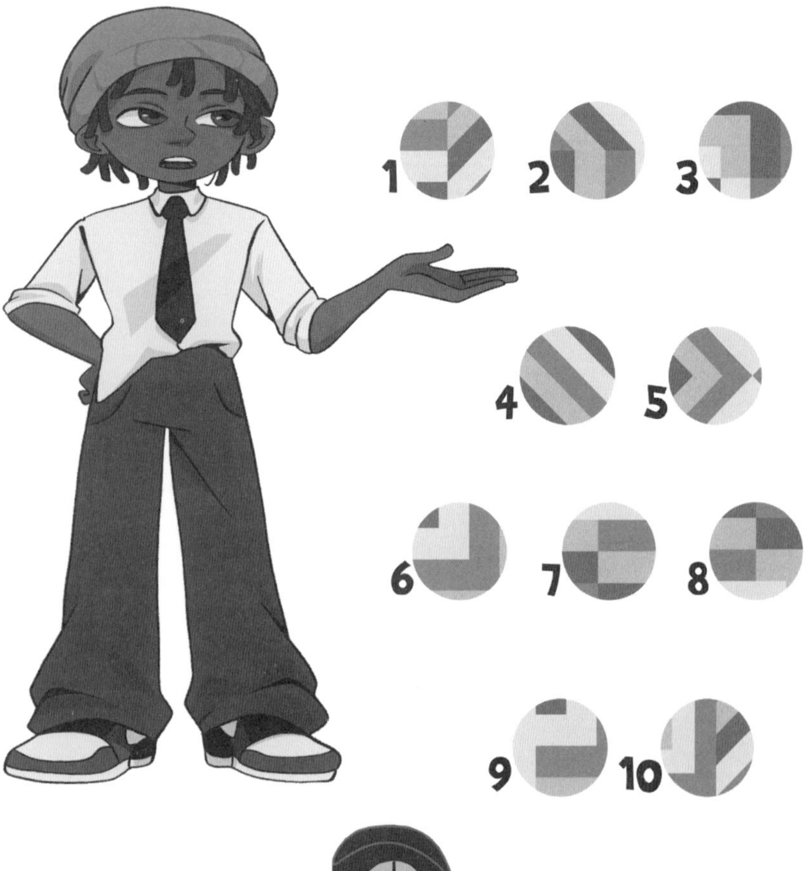

EXCURSIÓN AL CAMPO

82

—¡Mira, **ovejitas**!

Lupa ladra contento, mirando a su alrededor y olfateando.

—No, aquí no —le explica Hache—. En la **foto**.

Lupa gruñe un poco; no porque esté decepcionado, sino porque sabía perfectamente que hablaban de un **misterio** y no de ovejas reales. Hache y Miss Terio no siempre le entienden.

«A veces es demasiado fácil quedarse con la primera impresión y es necesario echarle un poco de imaginación para ver más allá... Si te fijas bien, en esta foto, además de ovejas, hay también **diez objetos** ocultos entre ellas. ¿Eres capaz de encontrarlos?».

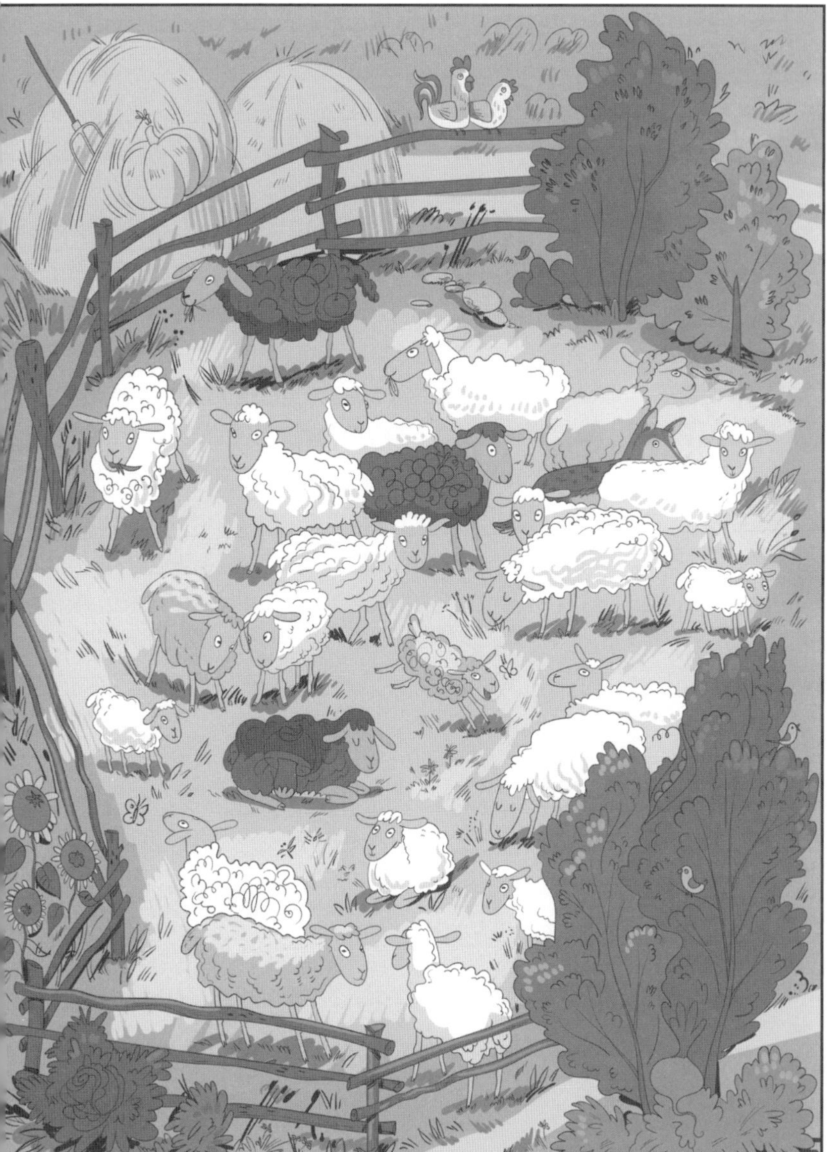

LOBO CAMUFLADO

83

—Espera, es la **misma foto** de antes, ¿no? —pregunta Miss Terio, analizándola.
—Yo creo que sí... ¿O tal vez **no** y tenemos que buscar las diferencias con la anterior?

Lupa ya sabe lo que hay que hacer porque es el más observador de todos, pero no dice nada. ¡Total, no le hacen ni caso!

—A ver qué dice María Higuera Claro...

«¿Has encontrado los diez objetos ocultos en la foto? ¡Enhorabuena! Pero... todavía esconde **otro secreto**. Un **lobo** se ha colado entre las ovejas y está escondido. ¿Puedes descubrirlo?».

LOS SECRETOS DEL OTOÑO

84

«Durante uno de mis casos, investigué el **robo** de unos **papeles** muy importantes en una gran oficina de la ciudad. Parecía que el ladrón no había dejado **ninguna pista**. Por suerte, era otoño... Lo que significaba que las **hojas** de los árboles estaban cayendo y el ladrón había arrastrado una de ellas en sus **zapatos** cuando entró de noche en la oficina. Pero ¡en la zona no había un solo árbol! Para dar con el culpable solo teníamos que encontrar de **qué árbol** provenía la hoja e investigar la zona para ver cuál de nuestros sospechosos vivía cerca de allí. ¿Eres capaz de descubrir las **dos hojas idénticas** entre todas las que recopilamos?».

—Seguro que Lupa las encontraría en un **momento** —dice Hache.

El perro ladra, **contento** de que por fin reconozcan sus **habilidades**.

—Bueno, eso sería si fuera capaz de contenerse, ya sabes cómo se lanza en cuanto ve un montón de hojas en el suelo... —añade Miss Terio—. Veamos si es capaz de echarnos una mano con estas.

Lupa ladra de nuevo. Eso del montón de hojas fue una vez cuando era un jovenzuelo. Ahora se **contiene** mucho más.

EL CALCETÍN DESAPARECIDO

85

—Mira, Lupa, ¡un montón de **calcetines**!

El perro agita el rabo, contento.

—Y parece que a uno le falta su **pareja**... —añade Miss Terio—. Igual que a los nuestros cuando te da por robar del tendedero de la ropa, ¿eh, Lupa?

Lupa se hace el **despistado** mientras Hache y Miss Terio ríen a carcajadas.

—Menos mal que estos no huelen —murmura Hache—. ¿Te imaginas tener que rebuscar entre **calcetines usados**?
—Un detective ha de estar **dispuesto a todo** —anuncia Miss Terio, muy digna.

Lupa agita el rabo, dándole la razón. O tal vez pensando en lo mucho que le gustaría **olisquear** un montón de calcetines usados...

—Vale —dice al fin Miss Terio—, creo que deberemos aplicar un poco de **lógica** para solucionar este misterio...

¡PIENSA DOS VECES!

86-91

«Ya hemos hablado otras veces de lo importante que es **pensar** antes de hablar, **analizar** bien los datos, las pistas, incluso las preguntas... Así que, recuerda, ¡piénsatelo bien antes de **contestar** a las siguientes preguntas!».

¿DÓNDE PUEDES ENCONTRAR CIUDADES, PUEBLOS, TIENDAS Y CALLES, PERO NO PERSONAS?

HAY DOS PATOS DELANTE DE UN PATO, DOS PATOS DETRÁS DE UN PATO Y UN PATO EN EL MEDIO. ¿CUÁNTOS PATOS HAY?

SI DIGO «TODO LO QUE TE DIGO ES MENTIRA», ¿ESTOY DICIENDO UNA VERDAD O UNA MENTIRA?

¿QUÉ ES TAN FRÁGIL QUE TAN SOLO PRONUNCIANDO SU NOMBRE SE ROMPE?

UN TREN ELÉCTRICO VIAJA DESDE EL NORTE HASTA EL SUR, ¿HACIA DÓNDE ECHA EL HUMO?

HAY UN GALLO SENTADO JUSTO EN LA CIMA DE UN GRANERO. SI PONE UN HUEVO, ¿HACIA QUÉ LADO RODARÍA?

LA FORTUNA DESAPARECIDA

«Un grupo de **ricos herederos** nos convocaron a varios de los mejores detectives. Su padre, un magnate que llevaba muchos años sin hablar con sus hijos, había fallecido. Cuando fueron a abrir la **caja fuerte**... ¡toda su fortuna había **desaparecido**! En el interior solo encontraron un **papel** que eran incapaces de **descifrar**, así que necesitaban nuestra ayuda para dar con el ladrón... Sin embargo, antes de que acabara el día, el **ama de llaves** había sido nombrada heredera de la fortuna. ¿Qué había pasado?».

«NNIGÚN LAÓDRN HA ENATRDO EN CSAA. HE ESCNDODIO MI FOURTNA EN MI LGUAR FVARTOIO, SLOO AQLULEA PEORSNA QUE ME CONZCOA BIEN SBARÁ DNDÓE ESTÁ Y, POR TNTAO, SE MEERCERÁ QUDREASE CON TDOO».

PECES POR TODOS LADOS

93

«En esta imagen se ocultan un **montón de peces**. Algunos son fáciles de ver, pero otros no tanto... Tendrás que echarle imaginación para verlos todos y poder contar exactamente **cuántos** hay en total».

—¡Esto es **pez comido**! —bromea Hache.
—Ay, no, no empieces con tus juegos de palabras...
—Vale, vale... Veamos si podemos... **pescar la solución**.

LA JUGADORA

94

«A veces un detective tiene que resolver los casos con las **pistas** de las que dispone, **sin tecnología** punta ni imágenes en alta resolución... Para poner a prueba tu capacidad de observación, te propongo el siguiente reto. ¿Eres capaz de identificar la **sombra** que se corresponde con la **deportista**? ¡Presta mucha atención a cada **detalle**!».

a
B
c
D
e
f

PERROS ENREDADOS

95

«¡Alguien ha estado repartiendo chuches y lanzando pelotas de tenis por el **parque** sin parar! Los **perros** que estaban allí se lo han pasado genial, pero ahora todas las correas están **enredadas**... ¿Eres capaz de unir cada perro con su humano?».

—¡Esto está chupado! —dice Hache estirándose.

—¡Guau, guau! —ladra Lupa.

—Lupa tiene razón, Hache, no nos confiemos. Es muy fácil hacerse un **lío** —contesta Miss Terio.

A
B
C
D

LOS GUARDIANES

«Vamos a poner a prueba una vez más tu capacidad de **análisis** y **lógica**. Imagínate que te encuentras en la siguiente situación...

»Despiertas en una mazmorra y ves que solo hay **dos salidas**: dos enormes puertas vigiladas por **dos guardianes**. Una de ellas te llevará a la **libertad**, mientras que tras la otra se encuentra un feroz **dragón**... Para saber por cuál es posible salir sin correr peligro, puedes hacer **una sola pregunta** a uno de ellos.

»Pero... ¡cuidado! Uno solo dice la **verdad** y el otro siempre **miente**. ¿Qué pregunta debes hacer para escapar?».

—Ay, no, estos enigmas siempre me cuestan un montón... —protesta Miss Terio—. ¡Creo que he encontrado la solución y de repente se me **olvida** todo lo que había pensado!

—No te preocupes, tengo **papel y lápiz** —contesta Hache—. Y... más **paciencia** que tú. Seguro que entre los dos lo resolvemos.

LABERINTO NAVIDEÑO

97

—Mira, este **laberinto** parece una estrella de Navidad —opina Hache.
—¿Quieres decir un copo de nieve?
—Bueno, son más o menos lo mismo, ¿no?

Antes de que Miss Terio pueda explicarles las diferencias, Lupa protesta con un par de ladridos.

—Tienes razón, Lupa, vamos a **concentrarnos en resolverlo** primero.

ROBOTS

98

—¡Mira qué **robots** tan chulos! —exclama Miss Terio.

Aunque le gustan las cosas clásicas, como investigar misterios con una lupa, a la aprendiz de investigadora también le encantan los objetos de **última tecnología**.

—Ojalá tuviera uno de estos —suspira Hache—. Que me ordenara la habitación y pusiera la ropa en el armario...

Lupa, que **no se fía un pelo** de los robots que se mueven solos, gruñe un poco.

—Bueno, vale de cháchara. En esta prueba debemos comprobar qué robot está **enchufado a la corriente**... Vamos a ello.

A
B
C
D
E

TANGRAM

«Una de mis amigas era una gran experta en el arte del tangram: **rompecabezas** formados por diferentes figuras **geométricas** con las que puedes crear infinidad de figuras al unir sus piezas.

»Pero, claro, a ella le gustaba complicar las cosas de vez en cuando, así que en ocasiones creaba varias figuras y nos retaba a descubrir con **qué conjunto** de piezas las había construido... ¿Eres capaz de resolver su desafío?».

a b c d

100

COPAS

—Uuuh, eso son un **montón de copas** —comenta Hache, mirando la ilustración.

—Casi tantas como hemos ganado ya en el Concurso Anual de Enigmas —bromea Miss Terio.

—¿Crees que nos darán una copa además de nuestro carnet de detective por resolver todos estos misterios?

Lupa agita el rabo con tanta fuerza que le da a Hache en la pierna.

—Lo importante no es el premio, es el **reto**... —contesta Miss Terio.

—Pues venga, vamos a **contar** cuántas copas hay en total en la imagen y estaremos un poco más cerca de lograrlo.

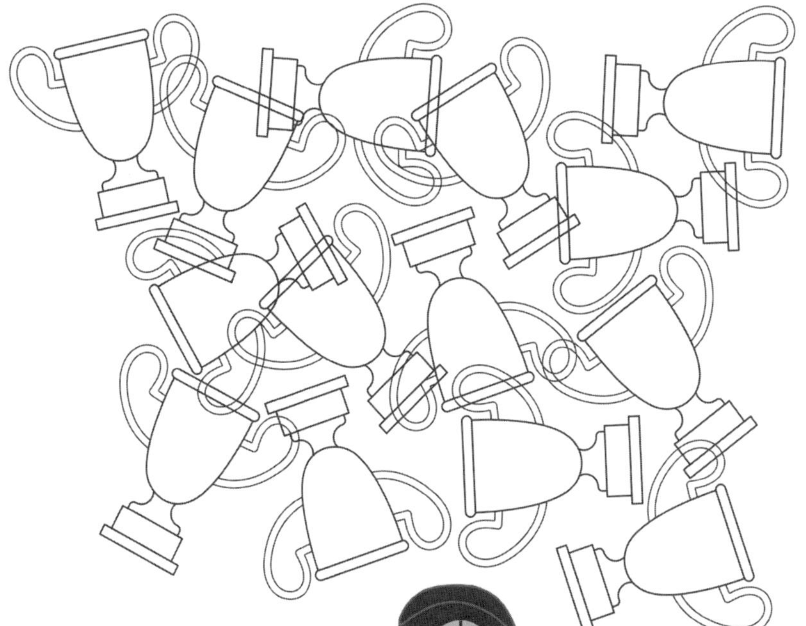

MININOS Y PECES

101

—¡Mira, Lupa! Son un montón de **gatos**.

El perro se endereza para verlos mejor. A diferencia de lo que dicen las malas lenguas, a Lupa le **encantan** los gatos y se lleva genial con ellos. Pero, claro, es que Lupa sabe **idiomas**, entre ellos el **gatuno**...

«Aunque muchos de estos mininos se parecen, solo **dos** de ellos son exactamente **idénticos**. ¿Eres capaz de localizarlos?».

—Espera, el título dice «peces». Yo no veo los **peces**... —dice Hache, siempre atento.
—¡Anda, es verdad!

Lupa ladra, claro que él se había dado cuenta.

«Si eres digno de pertenecer al Club de los Detectives te estarás preguntando que qué peces. Bien visto. Están **ocultos** entre los gatos, ¿**cuántos** puedes encontrar?».

SUPERMISTERIO

¡Guau! Has conseguido completar el **recorrido** y por el camino has resuelto un montón de **misterios**, ¡enhorabuena! Pero no te emociones todavía. Para ser el **mejor detective**, digno de descifrar enigmas con tus amigos, te falta resolver uno más.

Recordarás que, mientras ibas superando desafíos en el Caserón Misterioso con Miss Terio, Hache y Lupa, has tenido que ir por toda la **mansión** y de hecho has resuelto diferentes **anagramas** que te indicaban a qué **habitación** debías ir. Al igual que ellos, tú también tienes un **mapa** de la casa.

Verás que algunas salas ya tienen nombre. ¿Puedes volver atrás, revisar bien las pistas y **rellenar** los que faltan?

Seguro que, si te fijas bien en los `detalles del texto`, eres capaz de poner el nombre de cada habitación por la que has pasado...

¡Eso sí, **OJO**! El recorrido empieza en la **planta baja**, que verás en la siguiente página. Cuando la hayas completado puedes volver aquí y rellenar la **segunda**.

SEGUNDA PLANTA

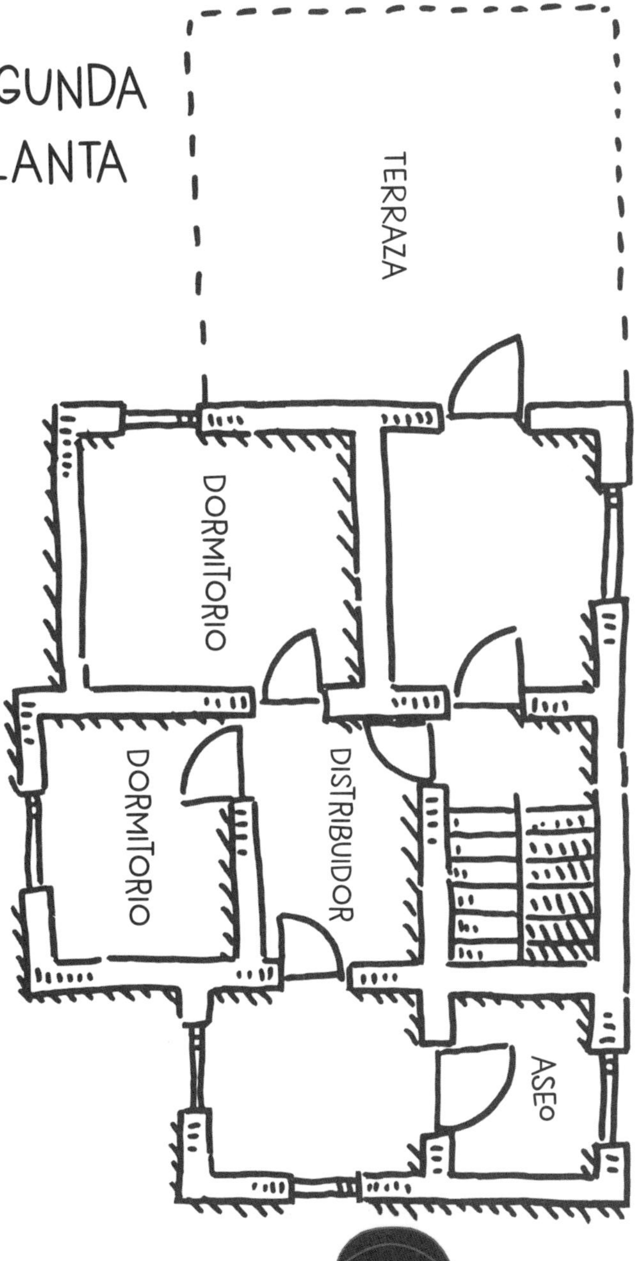

PLANTA BAJA

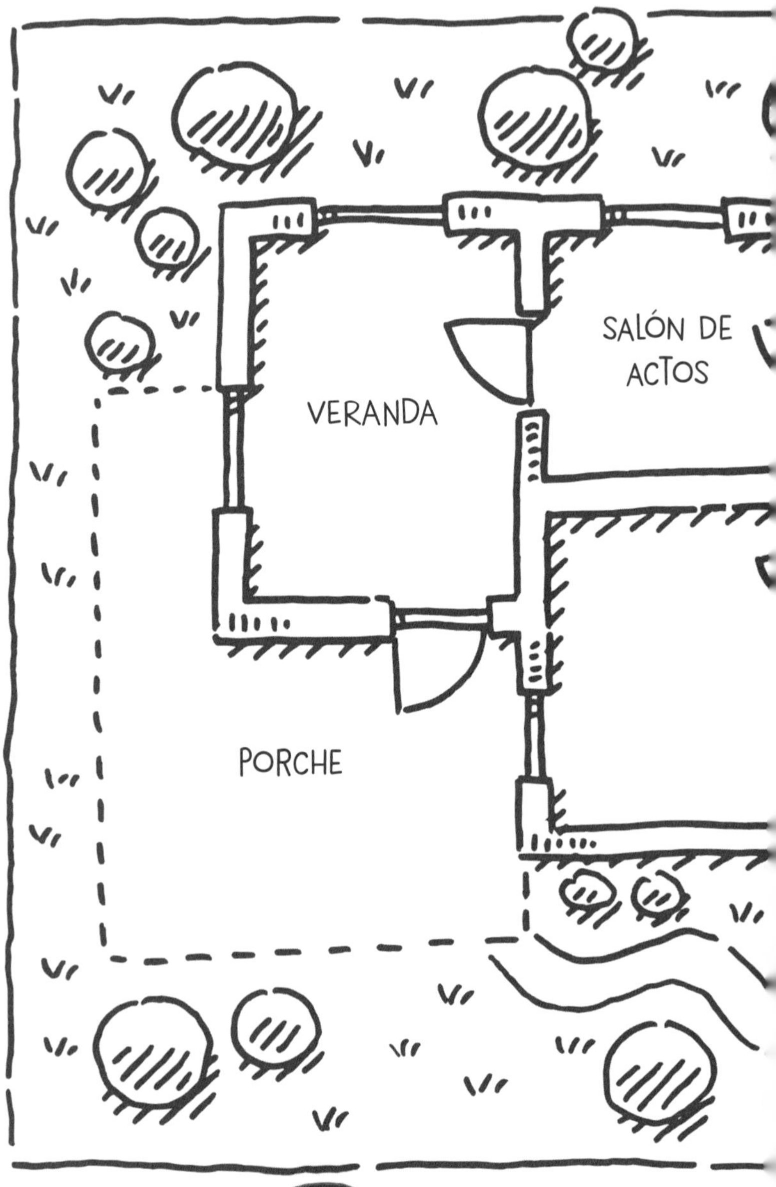

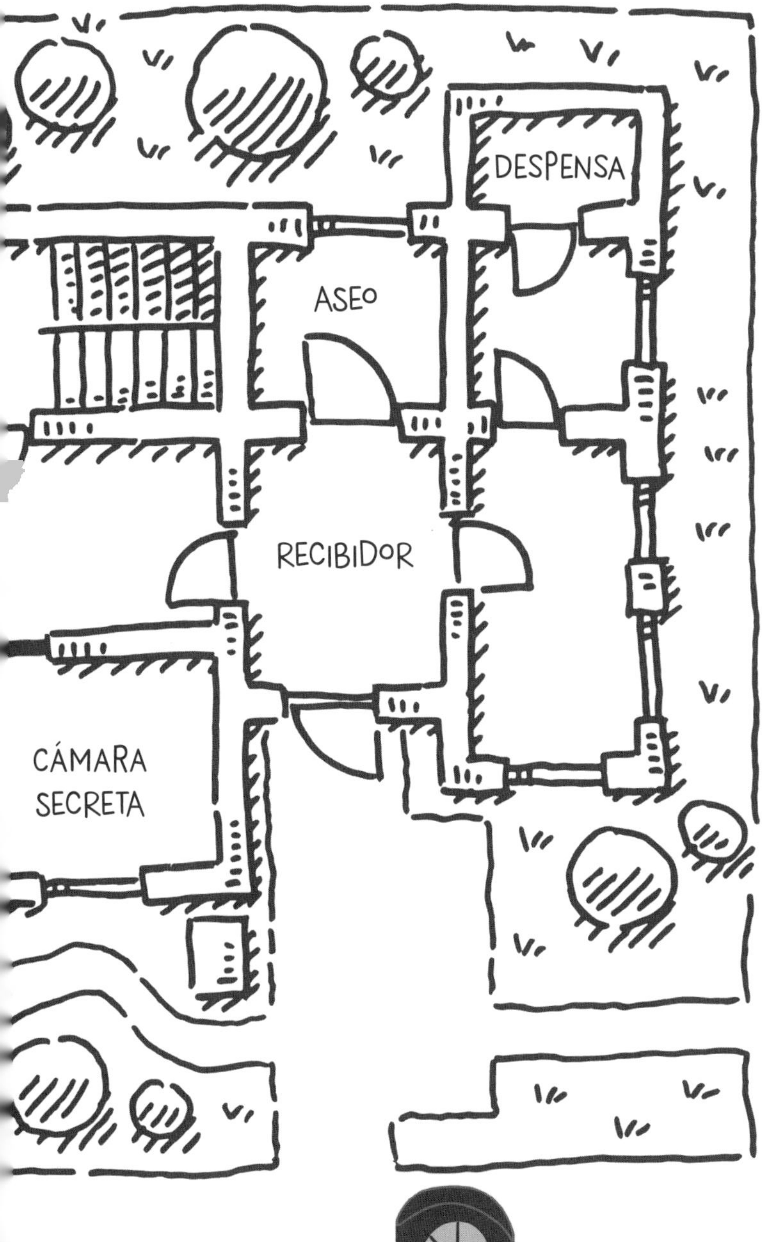
DESPENSA
ASEO
RECIBIDOR
CÁMARA
SECRETA

TEST DE DETECTIVE

¿Después de todos estos misterios un examen? No, no. Esto no es un examen, puedes relajarte. Es un test para saber **qué tipo de detective eres**. Igual no tienes memoria de elefante como Lupa, pero ¿recuerdas cuando al principio del libro hablamos de los **tres tipos** de detectives más habituales?

Cada uno de ellos posee **dos cualidades** que destacan sobre las demás. Para saber cuál eres tú, tienes que contar cuántos enigmas has resuelto de cada tipo.

DETALLES: __

CONCENTRACIÓN: __

¡Estas son las cualidades de un detective **perspicaz**!

TOTAL: __

IMAGINACIÓN: __

INGENIO: __

¡Estas son las cualidades de un detective **imaginativo**!

TOTAL: __

LENGUAJE: __

LÓGICA: __

¡Estas son las cualidades de un detective **curioso**!

TOTAL: __

¿CUÁL ES TU RESULTADO?

Si has resuelto más misterios de un detective **imaginativo** es porque te pareces más a **Miss Terio**. Eso significa que, igual que ella, te **lanzas a la aventura** sin dudarlo y siempre tienes un montón de ideas en la cabeza. Aunque eso te ayuda a encontrar **soluciones inesperadas**, a veces también hace que te despistes un poco o que no tengas la paciencia necesaria para fijarte en los detalles... Sea como sea, acabas encontrando la solución entre todas las **hipótesis** que pasan por tu mente.

Si has resuelto más misterios de un detective **perspicaz** ¡quiere decir que te pareces más a **Hache**! Los detectives perspicaces son capaces de **concentrarse** un montón y **analizar** cada pista. Puede que te despistes un poco de vez en cuando (¡a todos nos pasa!), pero seguro que, en cuanto **prestas atención**, conectas las pistas y eres capaz de ver detalles que los demás no ven.

Si has resulto más misterios de un detective **curioso** es porque te pareces más a... Bueno, a **Lupa**. No es que seas un perro, es que Lupa en realidad es mucho más listo que la mayoría de la gente, ¡aunque nadie le entienda! La curiosidad hace que que veas todo de **forma diferente** a los demás, que te interesen un montón de cosas distintas y que siempre aceptes cualquier **reto** porque ¡lo importante es intentarlo y pasarlo bien! Además, también te ayuda a no rendirte con facilidad. Aunque te cueste un buen rato, **¡no paras hasta encontrar la solución!**

Ahora sí que sí: ¡**enhorabuena** por haber llegado hasta aquí!

Al igual que Miss Terio, Hache y Lupa, tú también te has ganado tu puesto en el **Club de los Detectives**. Y para poder demostrarlo... ¡aquí tienes tu carnet!

No olvides rellenarlo con tu nombre y el tipo de detective que eres. Y ahora... ¡sal ahí fuera a resolver todos los misterios que encuentres!

CLUB DE LOS DETECTIVES

Nombre:

Tipo de detective:

Pega tu foto aquí

Recorta tu carnet para llevarlo contigo a todas partes.

Pide ayuda a un **adulto** antes de cortar con tijeras.

Este carnet significa que has resuelto todos los misterios del Caserón Misterioso. Protégelo **plastificándolo**.

¡Y sobre todo no olvides **enseñárselo** a tus amigos!

Este carnet certifica que formo parte del Club de los Detectives, lo que me permite resolver misterios que se presenten en el día a día.

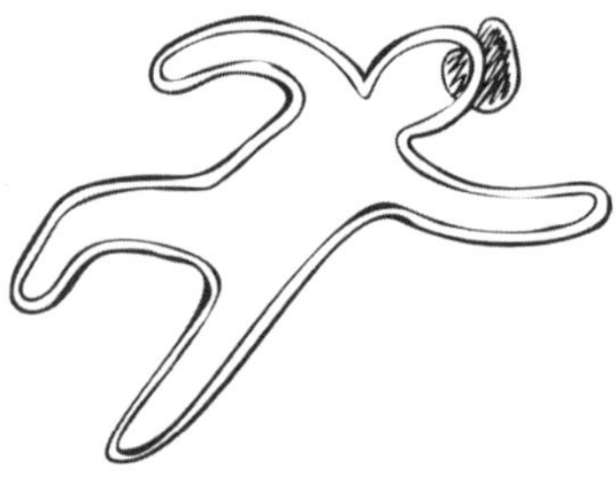

SOLUCIONES

Mira estas soluciones únicamente si has terminado de resolver todos los misterios. No querrás hacer **trampas**, ¿verdad?

1. Rumbo al Caserón Misterioso.

2. Un laberinto espinoso.

3. Una puerta... ¡sin cerradura! La llave.

4. Jeroglíficos. Primero arregla los cables para tener luz.

5. Cortocircuito.

5	2
8	3

6. Comienza el recorrido. Comedor.

7. La carta. Bienvenido a mi hogar, aspirante a detective. En él vas a encontrar diferentes retos que pondrán a prueba tu ingenio, tu capacidad de observación y tu imaginación. Muchos de los enigmas me los encontré durante mi trabajo como investigadora o los utilicé para formar a otros detectives. Son ellos los que, cuando yo no esté, mantendrán esta casa en marcha para que otros aspirantes puedan unirse a nosotros: el Club de los Detectives.

8. El falsificador. El de la derecha, porque no tiene un dibujo de una explosión arriba a la izquierda.

9. Una sopa especial. En la primera línea se lee «Macedonia».

10. Y de postre, más misterios.

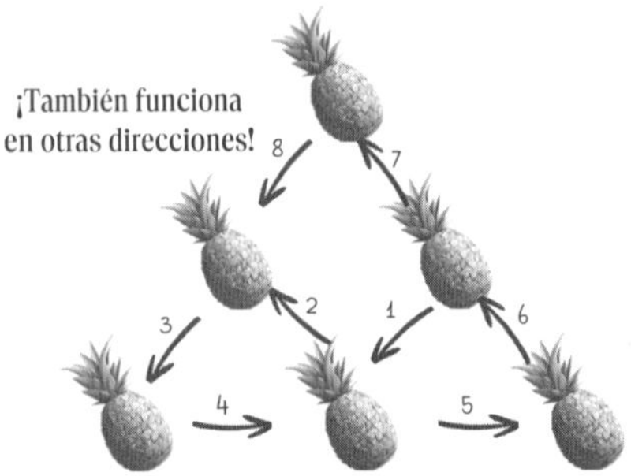

M	A	C	E	D	O	N	I	A
N	N	P	M	O	J	Q	V	Z
A	B	E	A	U	T	S	P	X
R	W	R	N	P	Y	U	L	Q
A	K	A	Z	A	U	I	A	E
N	Z	K	A	T	B	O	T	U
J	A	I	N	A	B	Q	A	X
A	A	W	A	T	P	U	N	K
S	Q	I	Z	A	K	B	O	Y
K	N	P	A	L	A	R	U	X

11. La huida imposible. El criminal había utilizado la nieve que entraba por la ventana para amontonarla, subirse a ella y poder escapar por allí. A la mañana siguiente, con el calor de la caldera, la nieve se había derretido.

12. Lo imprescindible. 1. Pistas. 2. Libreta. 3. Lupa. 4. Misterio.

13. Usa tu mente. Libreta. Pistas. Lupa. Misterio.

14. El siguiente paso. Cocina.

15. Las jarras de agua. Llena la jarra de 3 litros y vacíala en la de 5 litros. Vuelve a llenar la jarra de 3 litros y vacíala de nuevo en la de 5 litros (donde ya había 3 litros). Esto hace que te quede un litro de agua en la jarra de 3. Ahora vacía entera la jarra de 5 litros y pasa el litro de agua que te queda en la jarra de 3 a la de 5. Llena de nuevo la jarra de 3 litros, añádelo al litro de agua de la jarra de 5 litros y tendrás los 4.

16. La taza envenenada.

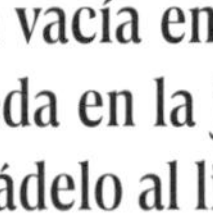

17. La receta perfecta. 30 + 10 − 5 = 35

5 × 5 + 5 = 30

14 + 10 − 17 = 7

25 − 6 + 3 = 22

18. Herramientas... de cocina. 1. Palillos. 2. Cuchara. 3. Tetera. 4. Cuenco. 5. Sartén.

19. ¿Quieres sopa? ¡Dos platos!

H	A	Q	P	O	N	T	A	V	C	G	R	O	P
Y	R	O	O	G	A	R	Z	E	F	A	A	C	A
U	E	U	N	E	T	R	A	S	A	C	T	U	S
F	T	F	E	T	E	T	S	K	U	H	E	E	T
G	E	D	G	J	A	F	E	I	V	I	H	N	G
B	T	E	A	C	U	C	H	A	R	A	B	C	T
E	N	L	N	U	B	P	U	L	A	P	U	O	U
P	O	A	A	A	H	E	M	O	A	U	A	T	E
X	L	P	A	L	I	L	L	O	S	E	J	E	T

20. En busca de... Estudio.

21. Ándate con ojo. 15.

22. Series incompletas. 38 (se van sumando 6), 17 (se van restando 2) y 16 (se va multiplicando por 2).

23, 24, 25, 26, 27, 28, 29. Adivina... Perro. Pingüino. Camaleón. Pollito. Caracol. Abeja. Murciélago.

30. El templo maldito.

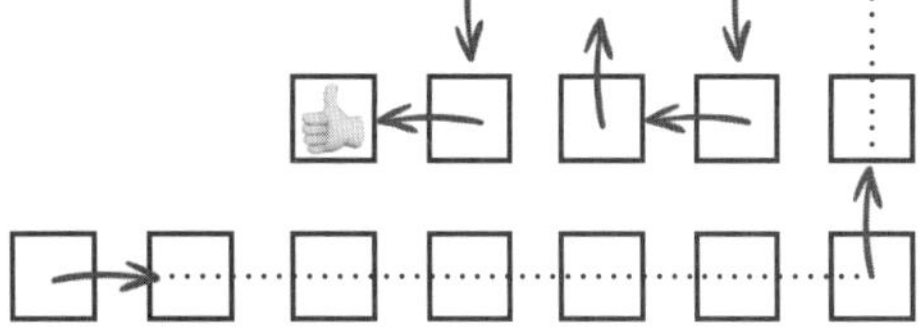

31. Bizcocho diplomático. El bizcocho se corta por la mitad dos veces, en cuatro trozos, y luego se corta otra vez en horizontal, dividiendo cada trozo en dos, con lo que consigues los ocho trozos idénticos.

32. Animales camaleónicos.

33. ¡Espera!, ¡falta uno!

34. Un sobre muy valioso.

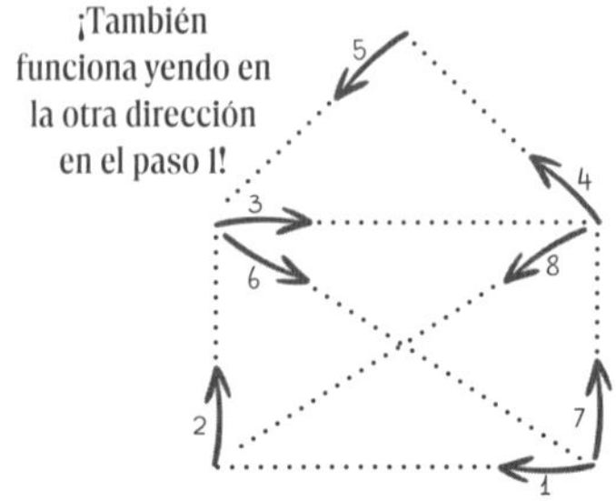

35. Continúa la investigación. Ve a la biblioteca.

36. La contraseña oculta. Reglas (la única que no tiene «z»).

37. Comienza el entrenamiento. 3.

38. El falso pirata.

39. Palabras encadenadas.

Hay que utilizar la última sílaba para comenzar la siguiente y crear así una cadena de palabras.

40. Preguntas enigmáticas.

Los peces no se ahogan.

Lorena.

Sí, «ascensor» empieza por «a» y «termina» por «t».

El Everest, aunque no lo hubieran descubierto.

Todos. Además de febrero, los demás también tienen 28 días.

41, 42. Recuerdos de Venecia.

43. Un lío de flamencos. 5, 1, 3, 4, 7, 2, 6.

44. Laberinto de ida y vuelta. 1.

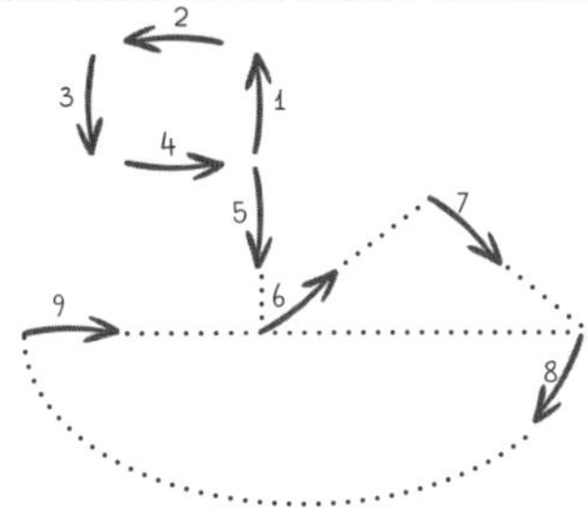

45. Otra vuelta de rosca. ¿Estás despierto? En el diccionario. La escalera. La «n» pasa a ser una «u». La nariz. Un secreto.

46. El símbolo secreto.

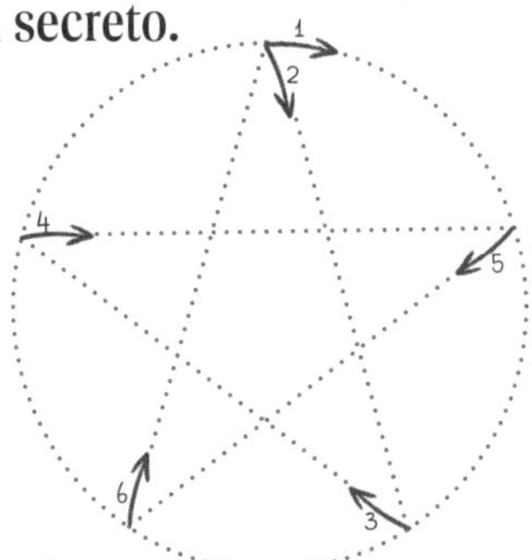

¡También funciona desde cualquier otra punta!

47. Laberinto de palabras.

Sur. Todas las palabras incluyen esa palabra en su interior.

48. Concurso amañado.

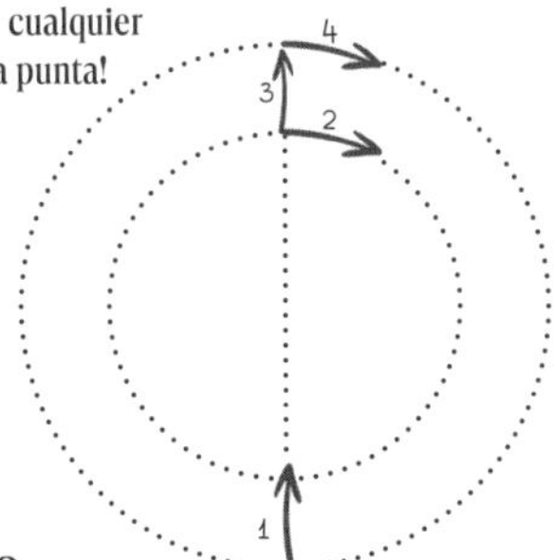

¡También funciona empezando por arriba!

49, 50. Un laberinto sin salida.

51. Desarrolla el misterio.

Sitios, emitir, serio, tiesos, ritmo, mérito, temor, resisto, siete, metro, estimo, tiempo, seísmos... ¡Hay muchas!

52. Volver a intentarlo. 1.

53. ¡El engaño continúa!

54. Un paso más allá. Sube al primer piso.

55. Y ahora... Entra al laboratorio.

56. Cruza el río. Llevar la oveja al otro lado. Volver. Llevar al lobo al otro lado. Volver con la oveja. Llevar el brócoli al otro lado. Volver. Llevar la oveja al otro lado. ¡También puede llevarse el brócoli en el segundo viaje en vez de al lobo!

57. La falsificadora.

58. Tras el estafador.

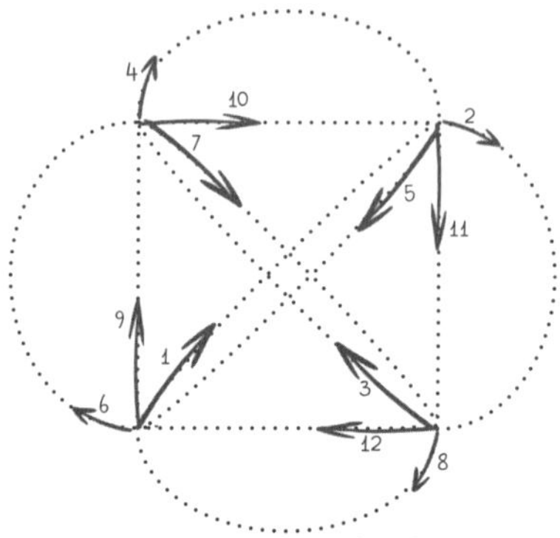

¡También funciona desde las otras diagonales!

59. Los elementos del robo. 1. Dinero. 2. Anillo. 3. Detective. 4. Diamante. 5. Policía.

60. El mejor sitio del mundo.

61. Búho lector.

62. La práctica hace al maestro. 3.

63. No te confíes. 1.

64. Copos de nieve. Hay dos copos iguales en la imagen.

65. Un misterio de película.

¡También funciona desde las puntas 5, 17 y 18!

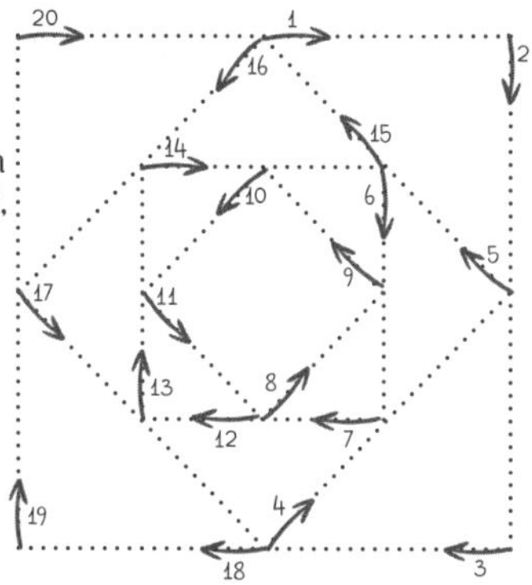

C	B	L	O	N	D	R	E	S
O	I	A	S	H	E	C	L	O
L	L	D	E	U	O	N	P	U
L	U	R	O	R	S	E	L	J
A	P	Ó	C	A	R	T	A	E
R	Z	N	T	A	I	M	S	T
I	L	P	E	U	S	V	A	C
D	I	A	M	A	N	T	E	S
E	O	I	G	J	O	Y	A	S
S	A	N	I	L	L	O	S	U

66. La solución en la sopa. Un **ladrón** especializado en **joyas** muy valiosas **atracó** una famosa tienda de **Londres**. De allí se llevó un carísimo **collar** y unos cuantos **anillos** de **diamantes**.

67. El tesoro. 1.

68. ¡Estafador atrapado!

69, 70. Prueba para detectives.

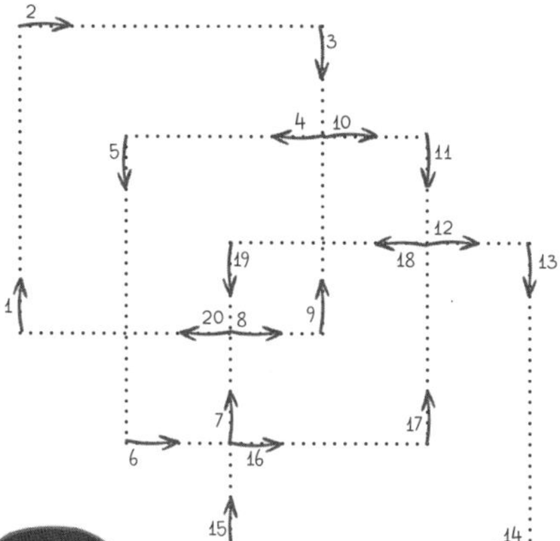

71. El poder de la imaginación.

72. Ladrones en el acuario.

73. El pescador. C, A, B.

74. ¿Ha habido un robo? 15.

75. La habitación final. La sala de estar.

76,77. ¡No tan deprisa!

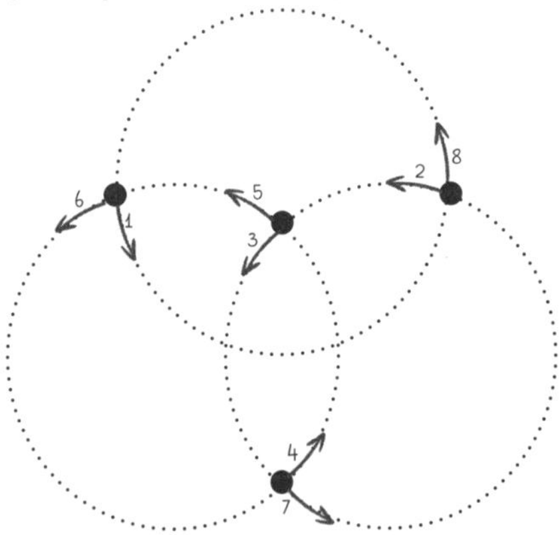

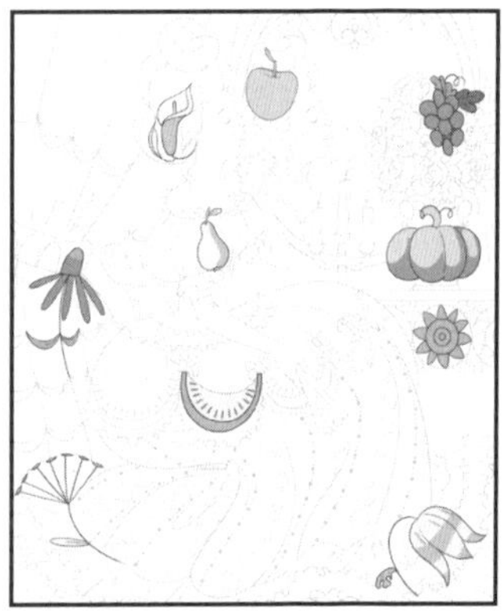

78. Un cuadro muy curioso.

79. ¡Mira qué hora es!

80. Un poco de imaginación.

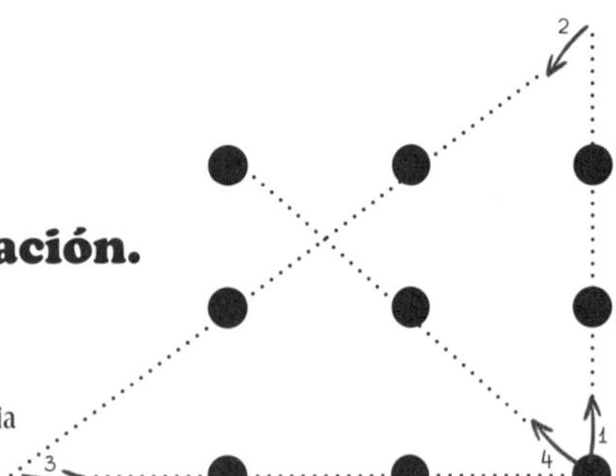

¡También funciona empezando hacia este lado en vez de hacia arriba!

81. La pieza final. 3. 2. 4. 7. 1. 9. 10. 5. 8. 6.

82. Excursión al campo.

83. Lobo camuflado.

84. Los secretos del otoño.

85. El calcetín desaparecido.

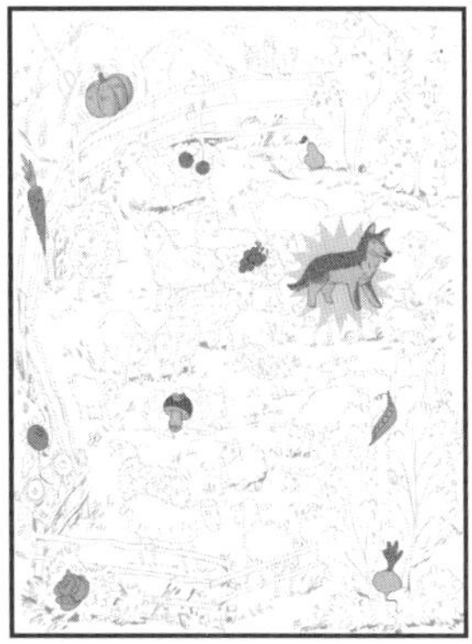

86, 87, 88, 89, 90, 91. ¡Piensa dos veces!
En un mapa. Tres patos. Una mentira. El silencio. No puede echar humo porque es eléctrico. Los gallos no ponen huevos.

92. La fortuna desaparecida. «Ningún ladrón ha entrado en casa. He escondido mi fortuna en mi lugar favorito, solo aquella persona que me conozca bien sabrá dónde está y, por tanto, se merecerá quedarse con todo». La única persona que conocía realmente bien al anciano era el ama de llaves, con quien se llevaba muy bien. El hombre había puesto a prueba a sus hijos.

93. Peces por todos lados. 20.

94. La jugadora. E.

95. Perros enredados. A, C, B, D.

96. Los guardianes. «Si le pregunto al otro guardián, ¿qué puerta me dirá que es la que lleva al dragón?». Si el guardián al que preguntas es el guardián que miente, te indicará la puerta contraria para que abras la puerta que te lleve al dragón. Si el guardián al que preguntas es el que dice la verdad, te indicará la puerta que el guardián que miente te indicaría, por lo que será la misma puerta en ambos casos y esa será la puerta por la que debes salir.

97. Laberinto navideño. 3.
98. Robots. C.
99. Tangram. C. A. D. B.
100. Copas. 14.
101. Mininos y peces. 12.

SUPERMISTERIO

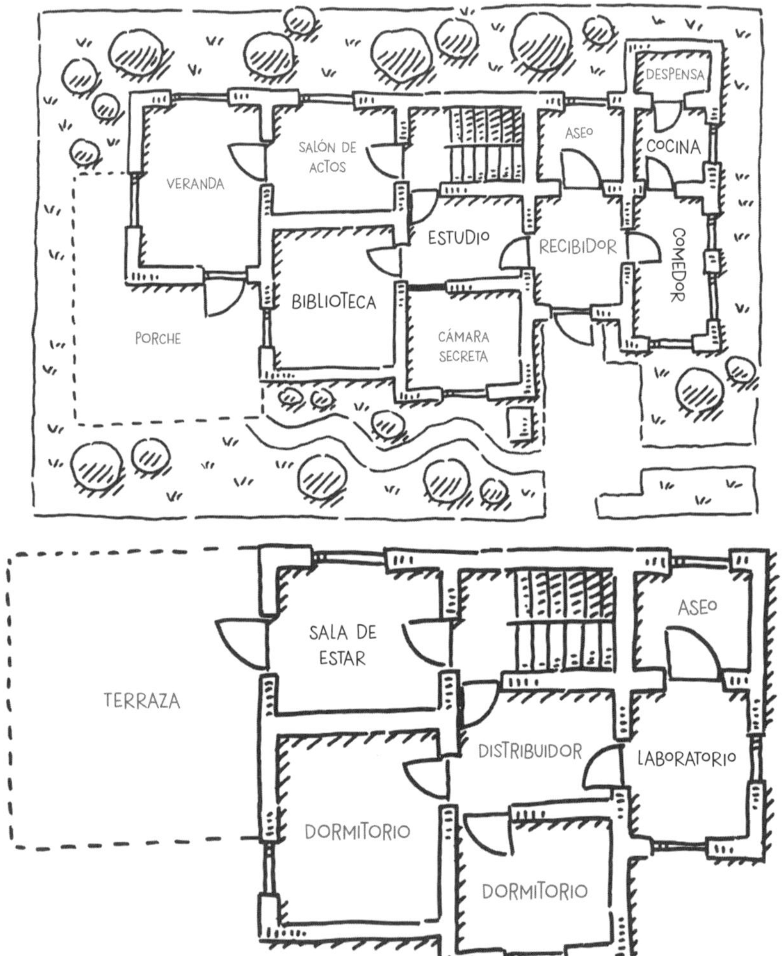

Papel certificado por el Forest Stewardship Council®

MIXTO
Papel | Apoyando la silvicultura responsable
FSC® C117695

Penguin Random House Grupo Editorial

Primera edición: marzo de 2025

Printed in Spain – Impreso en España

ISBN: 978-84-19868-35-0
Depósito legal: B-2.765-2025

Compuesto por: Tormenta
Impreso en Gráficas 94, S.L.
Sant Quirze del Vallès (Barcelona)

SI 68350

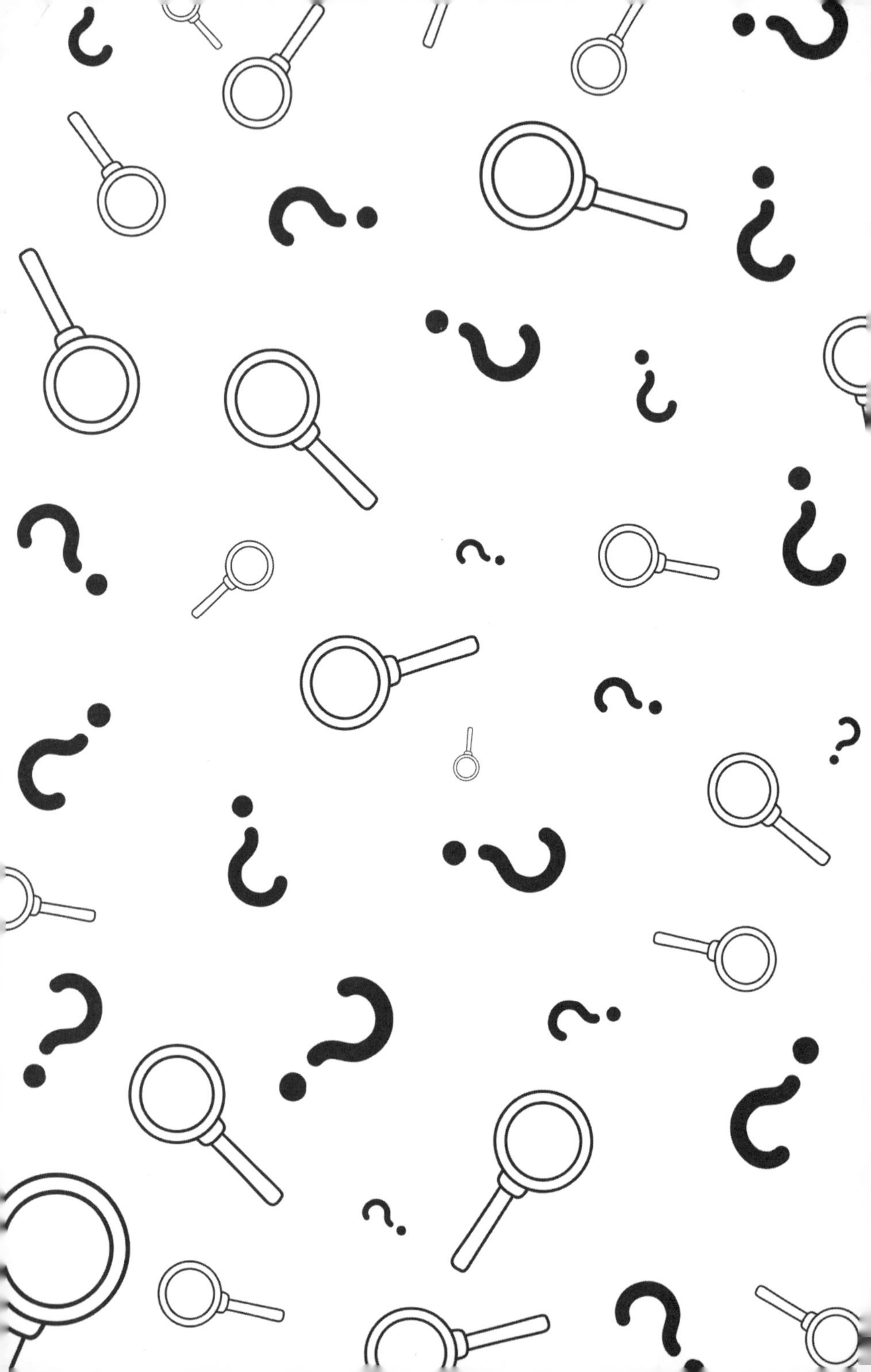

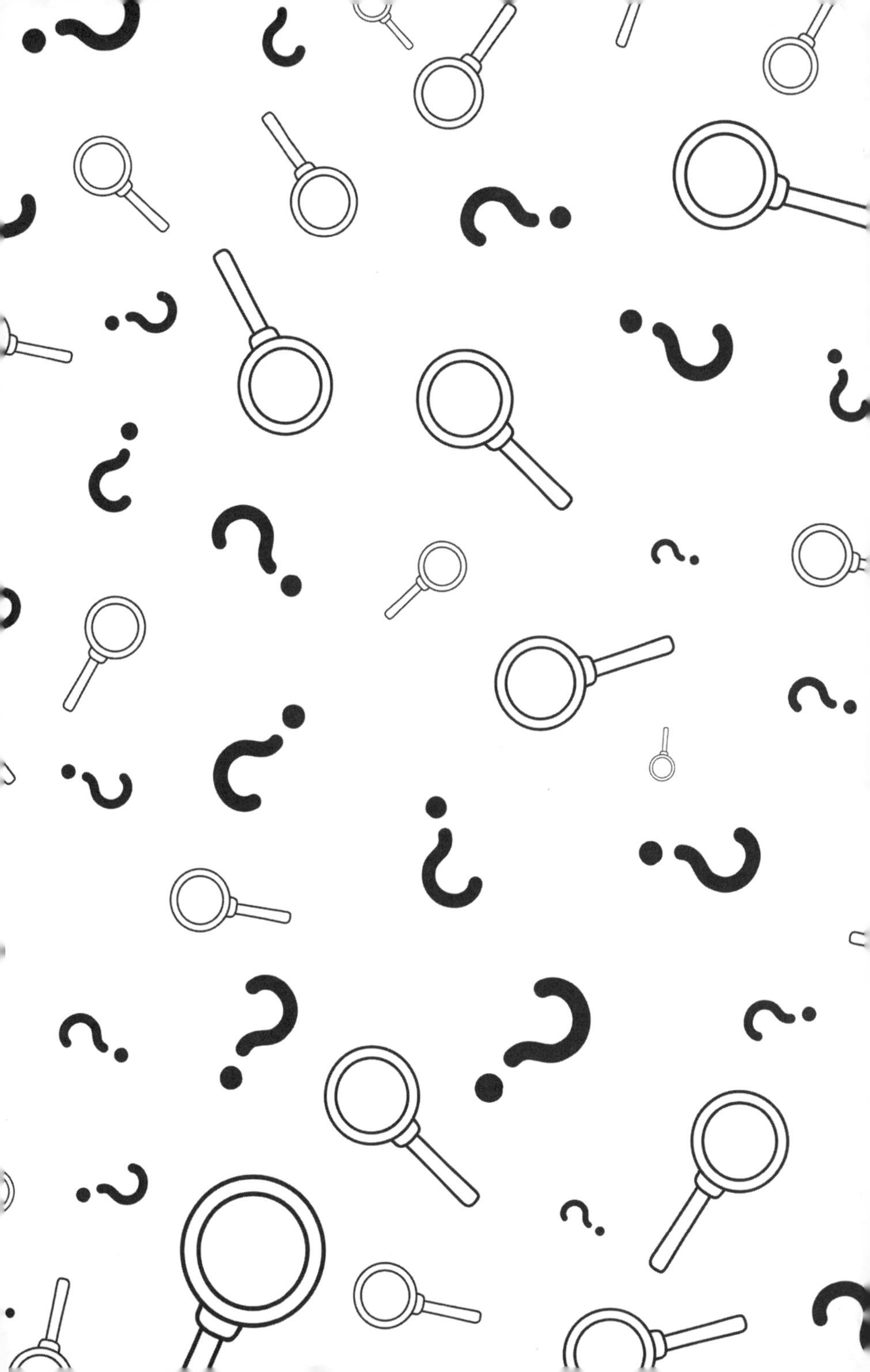